Dessin

Traduit de l'espagnol par Dominique Lablanche.

Pour l'édition originale parue sous le titre :
Para empezar a pintar dibujo
© 1996, Parramón Ediciones, S.A., Barcelona (España).

Pour la présente édition :
© 1999, Éditions Vigot
23, rue de l'École-de-Médecine, 75006 Paris.

ISBN 2 7114 1389 6
Dépôt légal : février 1999.

Imprimé en Espagne.

GUIDES PARRAMÓN

VOS PREMIERS PAS

Dessin

VIGOT

Sommaire

LE MATÉRIEL

LES TECHNIQUES ÉLÉMENTAIRES

Si le dessin est la base indispensable et le point de départ de toute œuvre picturale, quelle que soit sa technique, il n'en constitue pas moins un art à part entière, que beaucoup d'artistes pratiquent à l'exclusion de tout autre, tant sa force et sa richesse expressive, alliée à la simplicité des moyens qu'il met en œuvre, en font une technique éminemment attractive. Le dessin monochrome au fusain ou au graphite, par définition, dispense l'artiste de se confronter aux problèmes inhérents au traitement de la couleur. Cependant, réussir un dessin n'est pas pour autant chose facile si l'on ignore les secrets de la technique.
Le but de ce livre est d'initier l'amateur aux arcanes du dessin de manière à ce qu'il y trouve du plaisir. Au fil des chapitres, le lecteur découvrira tout ce qu'il faut savoir pour réussir un dessin, quel qu'en soit le sujet : du matériel nécessaire aux principes de la perspective, en passant par les secrets de la technique.
Mais l'aide précieuse fournie par ce volume ne doit pas faire oublier que pour dominer la technique et obtenir de bons résultats, la pratique et la persévérance sont indispensables. Elles seules permettront au novice de manier un jour le crayon à l'égal d'un maître.

Graphite et fusain

Par leur faculté d'adaptation à de multiples usages, leur capacité à s'étaler et la richesse de leur gamme tonale, le fusain et le graphite sont les matériaux rois du dessin. Aucun artiste ne saurait s'en passer.

Le graphite

Le crayon graphite, ou mine de plomb, est l'instrument traditionnel du dessin. Cette mine, qui se présente sur le marché sous différents degrés de dureté, est composée de graphite, un minerai gras, et d'argile.

La trace laissée sur le papier par un crayon graphite est grasse, sombre et légèrement brillante. Le graphite adhère bien au papier, il s'estompe facilement, il permet des dégradés d'ombres et de lumière en fonction de la pression exercée, il se taille facilement et il ne s'efface pas sinon à l'aide d'une gomme. Du fait de toutes ces caractéristiques, le crayon est le moyen le plus couramment utilisé pour faire des croquis et des dessins élaborés.

Les crayons se présentent sous des formes très variées adaptées à tous les goûts et à tous les usages.

La dureté du graphite est indiquée sur le crayon par une lettre et un chiffre.

La forme la plus habituelle de graphite est le classique crayon en bois.

Les degrés de dureté

Les mines de graphite achetées dans le commerce sont plus ou moins tendres, selon la teneur en graphite de leur mélange. Plus elles en contiennent, plus elles sont tendres et plus le trait sera sombre. À l'inverse, moins elles en contiennent et plus le gris obtenu sera clair.

La dureté d'un crayon est indiquée par des lettres et des

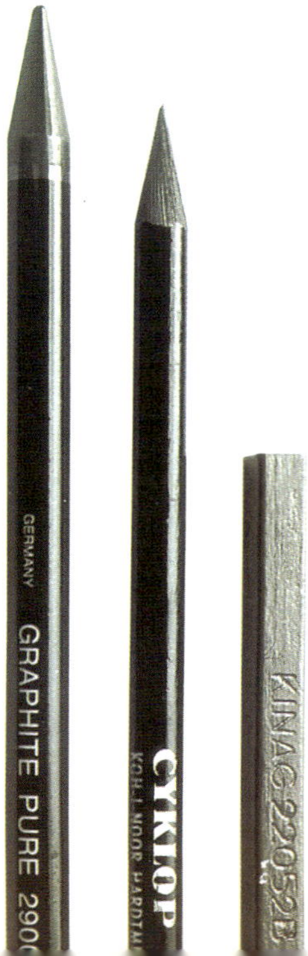

La forme la plus courante du graphite est le classique crayon en bois. Les mines graphite peuvent avoir la forme d'un crayon à bout pointu ou d'un bâtonnet quadrangulaire.

Les crayons plats comme ceux qu'utilisent les charpentiers permettent de faire des traits épais dans des dessins de grand format.

Il existe des porte-mines adaptés à chaque épaisseur de mine.

chiffres. B signifie que la mine est tendre et H dure. Plus le chiffre qui accompagne la lettre est élevé plus la mine est tendre ou dure. Les crayons HB sont de dureté moyenne.

Le fusain

Le fusain n'est rien d'autre qu'un morceau de bois entièrement carbonisé et préparé de manière à pouvoir être utilisé en dessin. C'est une matière sèche qui devient poudreuse une fois appliquée sur le papier. Les dessins exécutés au fusain sont des œuvres fragiles qui doivent être fixées pour ne pas disparaître avec le temps.

De nos jours, les fusains se présentent sous deux formes : naturels ou comprimés. Ceux-ci offrent une gamme restreinte de duretés, tant sous forme de bâtonnets que de crayons. Ils existent en différentes grosseurs.

Le fusain s'applique directement sur le papier et s'estompe avec la plus grande facilité, mais, à la différence du graphite il n'offre qu'un seul ton intense de noir pur.

Le fusain comprimé se présente dans le commerce sous une gamme restreinte de duretés.

Présentation dans le commerce

Le *graphite* se présente sous forme de crayon à gaine de bois, de mine épaisse ayant une forme effilée imitant un crayon (pour les œuvres de grand format), ou de petite mine d'épaisseur variée à utiliser avec un porte-mines.

Le *fusain* se présente sous forme de bâtonnet, dans l'état où il a été carbonisé, ou sous forme manufacturée. Il existe aussi sous forme de crayon à gaine de bois.

Le fusain est un fin bâtonnet de bois carbonisé. Il existe en différentes grosseurs pour toutes les tailles de dessin.

Fusain ou graphite ?

Il arrive, au moment de se mettre à dessiner, qu'on hésite sur le matériau à employer. Il est difficile de donner des conseils dans ce domaine, car tout dépend, en fait, de vos préférences et de ce que vous voulez faire. On constatera rapidement que le fusain est une matière qui salit les mains et qui convient mieux aux dessins d'expression qu'aux travaux précis et minutieux, pour lesquels le graphite est sans égal. Ces instruments sont aussi économiques l'un que l'autre. Il est donc conseillé de les pratiquer tous deux pour enrichir votre technique et découvrir celui qui s'adapte le mieux à votre travail.

Le papier

Le papier est le support principal du dessin. Bien qu'il soit possible de dessiner sur pratiquement n'importe quel type de papier, il en existe qui sont spécialement conçus pour le dessin.

Le papier à dessin est vendu en blocs de format et de qualité variés, pour dessiner au fusain, au crayon graphite ou avec d'autres matériaux.

Le papier peut s'acheter à la feuille pour faire de grands dessins ou les découper au format souhaité.

Le papier à dessin

À l'exception des papiers trop élaborés ou ceux dont la surface est trop lisse pour que le graphite puisse adhérer, on peut dire que n'importe quel type de papier se prête au dessin. De fait, pour faire des croquis, beaucoup d'artistes se servent de papiers très ordinaires et bon marché comme le papier d'emballage, ou de feuilles de papier recyclé.

Mais on vend aussi des papiers dont la surface a été spécialement étudiée pour lui donner le grain et la qualité propres à chaque genre de dessin et à chaque matériau, graphite, fusain ou pastel.

Présentation dans le commerce

Le papier à dessin se présente en blocs de feuilles réunies par de la colle ou une spirale. Leur prix varie en fonction de leur qualité et de la quantité de feuilles. On peut aussi acheter des feuilles séparées, de tailles variées, que l'artiste découpera ensuite selon ses besoins.

Dans les magasins spécialisés, on trouve de beaux carnets à spirale pour conserver vos dessins et croquis sous forme d'album.

Les types de grain

Le grain du papier désigne la rugosité de sa surface. Pour chaque type de dessin et chaque matériau, il est conseillé de choisir un type de grain précis. Pour les travaux minutieux au crayon graphite à mine dure, utilisez un papier satiné ou de grain fin. Le grain moyen donne de bons résultats dans tous les cas, bien qu'il ne favorise pas le travail du détail. Les papiers à gros grain conviennent au fusain et au graphite pour des travaux de nature plus gestuelle ou impressionniste, mais ils ne permettent pas un travail précis.

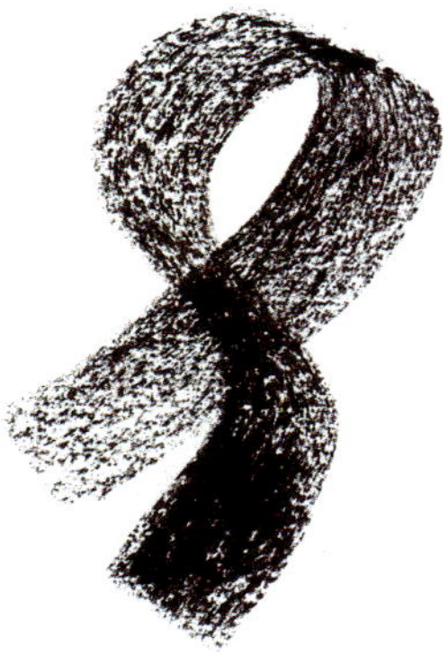

Sur un papier à grain fin, les limites du trait de fusain sont bien nettes.

Dès qu'on applique du fusain sur un papier torchon, on constate que les traits sont moins précis, ce qui leur donne un caractère plus suggestif.

Pour faire des croquis, on peut se contenter de papier recyclé de couleur grisâtre ou de papier kraft (d'emballage), plus économique. Du reste, beaucoup d'artistes aiment dessiner sur ce dernier à cause de sa couleur et de sa grande résistance.

Les types de papier

Certains papiers sont conçus spécialement pour le graphite, d'autres pour le fusain et d'autres pour les deux techniques. On peut aussi dessiner sur des papiers ordinaires et bon marché qui donnent une qualité particulière au dessin. Dans ce cas, il est préférable d'utiliser le graphite car il adhère à presque toutes les surfaces de papier. Le fusain, quant à lui, a besoin d'une surface poreuse qui retienne le pigment.

Qualités et recommandations

Pour s'initier au dessin, il est conseillé d'utiliser des papiers bon marché sur lesquels vous pourrez travailler sans crainte de faire des erreurs. Ensuite, quand vous maîtriserez mieux la technique, vous pourrez commencer à dessiner sur des papiers de meilleure qualité.

1

1. *Papier Ingres.* Ce papier de qualité s'emploie généralement avec le fusain et le pastel. Il possède une trame particulière qui retient bien la poudre de fusain et donne un bon rendu.

2. *Papier à dessin courant.* Bien qu'il soit grain fin, et donc mieux adapté au crayon graphite, il permet de travailler aussi au fusain.

3. *Papier spécial pour le dessin au graphite.* Son grain extrêmement fin qui absorbe parfaitement la couleur le rend propre à tout type de travail.

2

3

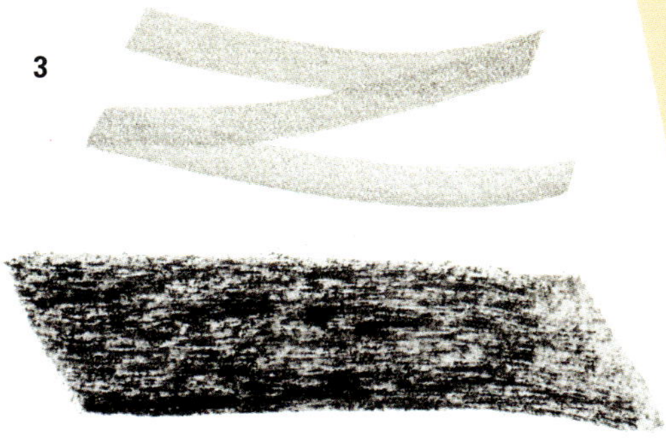

Les papiers de couleurs sont très appréciés des dessinateurs. Un fond coloré donne une tonalité particulière à l'œuvre, plus chaude que le blanc pur.

Gomme, estompe et autres...

Outre le crayon ou le fusain et le papier, la technique du dessin fait appel à d'autres accessoires qui, parfois, jouent un rôle déterminant dans la réalisation d'une œuvre. Ce sont des outils ou des produits indispensables au dessinateur.

Gommes mie de pain et en caoutchouc pour effacer le graphite. Elles sont plus ou moins dures selon la marque.

Gommes malléables pour effacer le fusain. Neuves, elles sont quadrangulaires. À l'usage, elles prennent la forme et la consistance d'une boule de mastic.

Effacer

Pour effacer des traits de graphite, on utilise des gommes en caoutchouc ou mie de pain. Avec le fusain, on se sert d'une gomme malléable ou d'un chiffon (voir : « Effacer et se servir d'une gomme », pages 26 et 27).

Estomper

Pour estomper des traits de crayon ou de fusain, beaucoup se servent de leurs doigts. Pour un travail de précision, ou pour obtenir un effet plus vaporeux, il est préférable d'employer l'estompe (voir : « Estomper », page 24 et 25.)

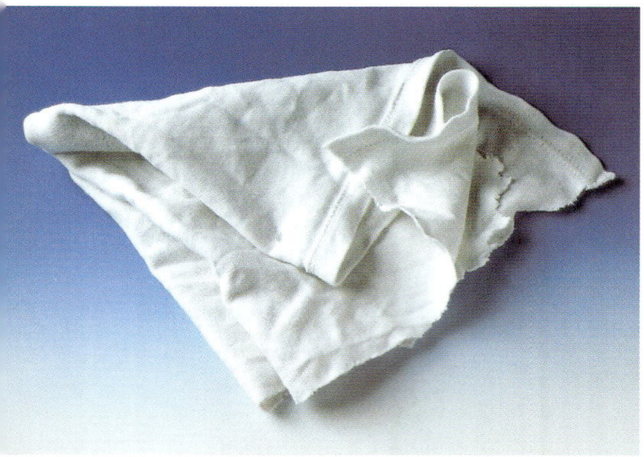

Chiffon. Il est utile pour s'essuyer les mains et pour effacer rapidement de grandes zones de fusain. On peut aussi s'en servir pour estomper.

Cotons-tiges. Ils ont la même fonction que l'estompe, avec un résultat moins précis et plus vaporeux.

Estompes. On s'en sert pour étaler les traits de fusain et de graphite. Ce sont de simples bâtonnets de papier roulé terminés en pointe. Elles existent en différentes tailles selon la surface de la zone à estomper. Elles permettent aussi de créer des effets particuliers (voir : « Dessiner au fusain », pages 54-57.)

Boules de coton hydrophile. Elles sont très utiles pour estomper de grandes surfaces et créer des effets atmosphériques.

Affûtoir. Il consiste simplement en un morceau de bois recouvert de plusieurs lamelles de papier de verre sur lesquelles on affûte l'extrémité des bâtonnets de fusain.

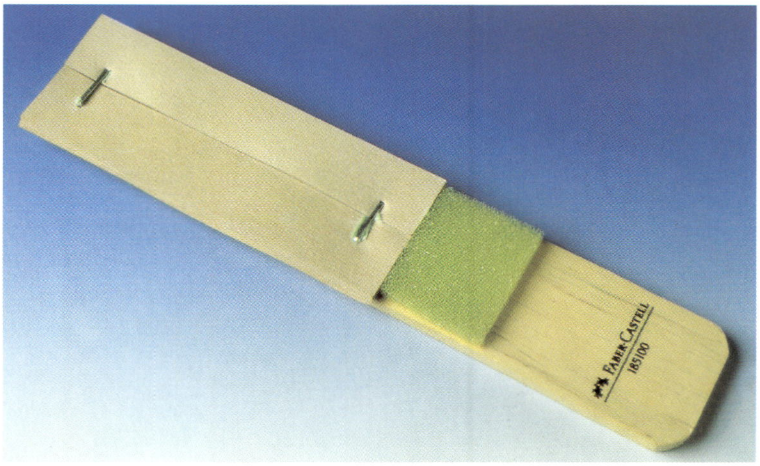

Affûter

Les arêtes et les pointes de vos crayons et bâtonnets s'émoussent rapidement et il faudra les retailler au cours du travail. Pour cela, divers ustensiles sont vendus (voir : « Manipuler le graphite », pages 18 et 19, et « Manipuler le fusain » pages 20 et 21.)

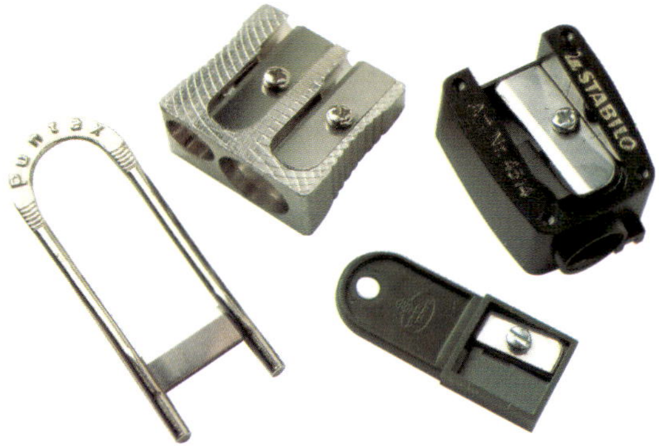

Taille-crayons et taille-mines. Il en existe de toutes tailles, dans toutes les matières.

Cutter. En plus de couper le papier, il sert à tailler les crayons et les mines de graphite.

Fixer

Le graphite adhère bien au papier. En revanche, les particules de fusain se détachent par frottement ou sous l'action du vent. Il est donc important de pulvériser un fixatif sur les œuvres pour fixer la poudre et éviter une détérioration lors du rangement.

Planches à dessin et chevalets

La planche à dessin est un accessoire essentiel du dessinateur, car la feuille de papier a besoin d'un support pour être utilisable. Le chevalet, quant à lui, a pour fonction de retenir la planche à dessin.

Les planches à dessin

Bien que les blocs de papier contiennent un carton rigide servant de support, la plupart des dessinateurs préfèrent poser leur feuille sur une planche en bois. Celle-ci doit être légère mais suffisamment rigide pour pouvoir tenir droit sur un chevalet, ou pour qu'on puisse dessiner dessus en la tenant d'une main et en l'appuyant sur un rebord de table ou sur les genoux.

La nature du bois importe peu du moment que la planche est mince, légère et maniable. Les planches en matière plastifiée ou en aggloméré, aux surfaces parfaitement lisses, sont recommandées si l'on travaille avec des mines dures, ou si l'on appuie fortement avec le crayon sur la feuille.

Il ne faut pas oublier que les aspérités d'une planche apparaissent immanquablement dès qu'on applique la couleur.

La taille de la planche

La planche doit dépasser le papier de 5 cm pour qu'on puisse le fixer commodément. Si vous dessinez en format courant de 24 × 32 cm, la planche devra mesurer environ 30 × 37 cm.

Les magasins spécialisés ne vendent pas de planches, mais on s'en procure facilement chez un marchand de bois ou dans un magasin de bricolage. Il est conseillé d'en posséder de plusieurs tailles pour dessiner en divers formats.

N'importe quelle matière peut servir à faire une planche à dessin, pourvu qu'elle soit légère et résistante.

Sur une planche en contreplaqué, on peut fixer le papier avec des punaises, mais elles laisseront des petits trous.

Les pinces présentent l'avantage de ne pas abîmer le papier.

Le ruban adhésif de peintre en bâtiment est idéal pour fixer une feuille de papier sur une surface en matière plastifiée ou dure, comme l'aggloméré. En immobilisant la feuille sur ses quatre côtés, le dessinateur peut manier l'estompe et la gomme sans crainte de chiffonner son œuvre.

Poser la planche

Si vous n'avez pas l'intention de dessiner en grands formats, 100 × 70 cm par exemple, il n'est pas nécessaire d'avoir un chevalet. La planche peut prendre appui sur le rebord d'une table et sur vos genoux, on peut aussi la poser sur la table en la redressant avec des livres.

Il est très important de dessiner sur une surface inclinée pour éviter les erreurs de perspective sur le dessin même.

La planche à dessin de table comporte une boîte très utile pour ranger les crayons. Elle est légère et son inclinaison se règle commodément.

Les chevalets

Le chevalet est le support sur lequel on pose la planche. En général, on utilise un chevalet d'atelier pour les grands formats. Pour des petits dessins, on peut se servir d'un chevalet de table ou d'une planche spéciale.

N'importe lequel fera l'affaire. Il est cependant préférable de pouvoir incliner légèrement la planche à dessin. Il existe des modèles spéciaux pour le dessin, avec planches incorporées pour y fixer les feuilles.

Le chevalet à dessin a ceci de particulier d'offrir deux planches à dessin incorporées en contreplaqué.

Boîtes de crayons et cartons à dessin

Étant donné sa légèreté, le matériel nécessaire pour dessiner se transporte sans problème. Il est cependant indispensable de ranger les crayons et les accessoires dans une boîte, et le papier dans des cartons à dessins.

Cet assortiment de crayons et de mines graphite de degrés de dureté et d'épaisseurs diverses permet de faire des dessins de n'importe quel format. En outre, il comprend deux gommes, une en plastique et une malléable, un taille-crayon, un affûtoir et une estompe.

Boîtes et assortiments de crayons

Les crayons et fusains peuvent s'acheter à l'unité dans les magasins de fournitures pour artistes, de même que les gommes et les taille-crayons. Ainsi, le dessinateur n'achète que ce qui lui est nécessaire. Mais on trouve aussi dans le commerce toute une gamme de boîtes de crayons renfermant tout le matériel nécessaire à l'artiste.

Ces deux boîtes réunissent deux petits assortiments qui permettent de travailler au graphite, au fusain, à la craie et à la sanguine. Elles comprennent une gomme malléable, et la plus grande, une estompe.

Boîte métallique de douze crayons graphite dont la dureté s'échelonne de 8B, très tendre, à H2, moyennement dur. Elle est très légère, pratique et facile à transporter.

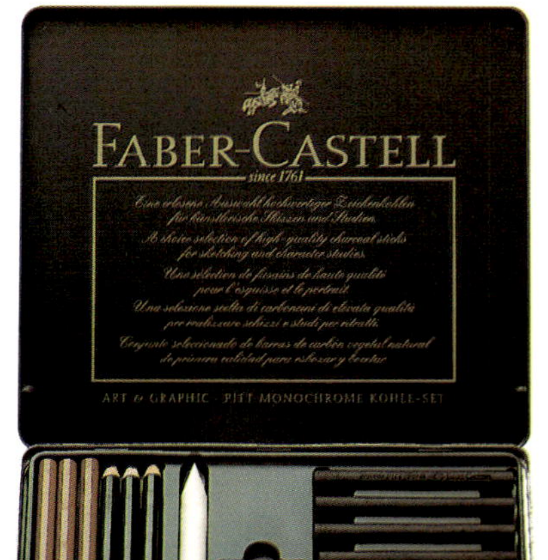

Assortiment de fusains comprenant des fusains naturels, des bâtonnets de fusain comprimé et des crayons de bois, tous de dureté différente. Une gomme malléable et une estompe complètent l'ensemble.

Certaines offrent une gamme complète de crayons graphite ou de fusains, d'autres se concentrent sur le matériel spécifique au travail au fusain. Il en existe qui combinent les deux matériaux, ou qui sont assorties de sanguines et de craies blanches pour ajouter des rehauts de lumière ou de couleur.

Cette boîte métallique à crayons est idéale pour transporter tous les instruments du dessinateur. Une petite boîte suffit pour y ranger divers types de crayons, des fusains, une estompe, deux gommes et même un chiffon pour s'essuyer les mains ou effacer le fusain.

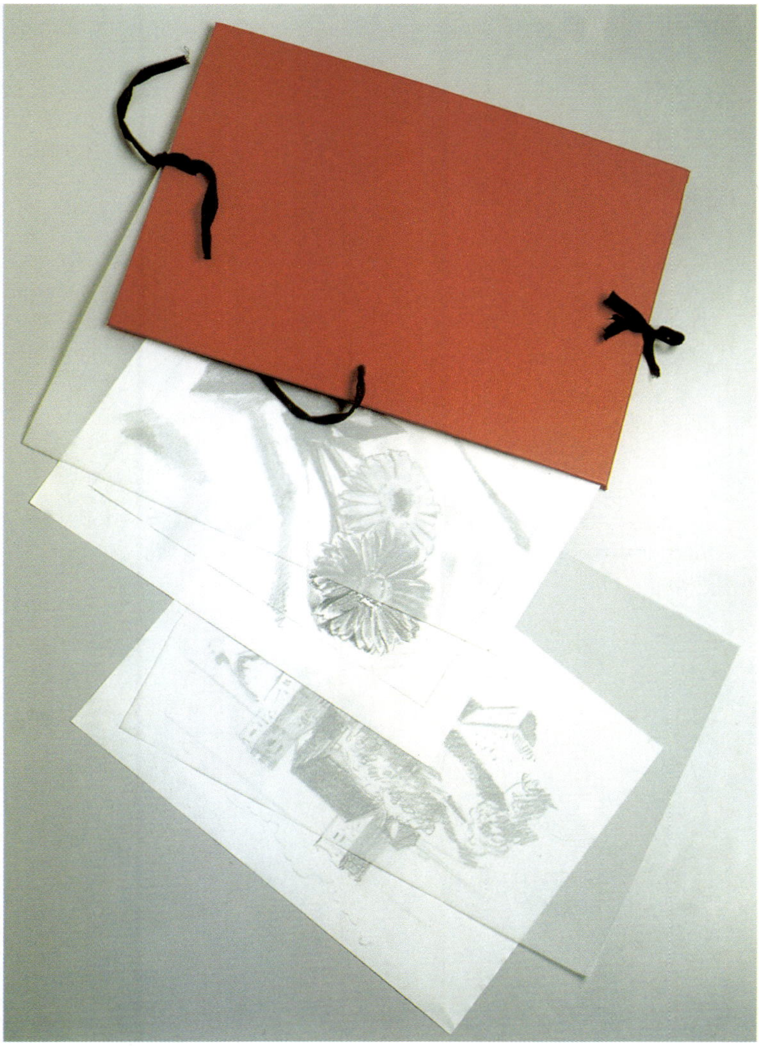

La boîte personnelle

En plus des assortiments de crayons proposés par les fabricants, il existe une boîte originale, celle que se compose tout artiste selon ses goûts et ses besoins. Il peut s'agir d'un simple plumier d'écolier ou d'une boîte en bois où l'on range ses crayons, fusains, gommes, chiffons et estompes.

Les cartons à dessins

Les cartons à dessins sont un autre accessoire indispensable au dessinateur, pour ranger les feuilles de papier et conserver les œuvres achevées. Les cartons à dessins vendus dans le commerce sont spécialement conçus pour cet usage. Ils s'attachent avec des cordelettes et sont en carton dur qui maintient le papier bien à plat.

Dans le carton, les dessins se conserveront mieux si l'on intercale entre eux une feuille de papier calque qui les protégera contre les frottements.

Le porte-cartons est un meuble très utile aux dessinateurs qui produisent beaucoup. On y range les cartons de papier vierge et ceux de dessins.
En outre, il est conçu de manière à ce qu'on puisse feuilleter le contenu des cartons sans avoir besoin de les sortir du meuble.

Accessoires divers

En plus du papier et des crayons, le dessinateur a besoin d'un certain nombre d'accessoires, tous extrêmement utiles pour réaliser son travail.

Ruban adhésif. Idéal pour éviter que le papier ne se froisse au gommage, ou si l'on veut travailler en technique mixte impliquant d'humidifier le papier. Ainsi fixé sur tous ses bords, il ne va ni bomber, ni bouger.

Pinces. Leur avantage tient dans leur facilité d'emploi. Elles sont donc très utiles pour le dessin rapide impliquant de fréquents changements de feuilles.

Punaises. Elles permettent de fixer fermement le papier sans risque qu'il se détache en manipulant la planche, máis elles laissent un petit trou.

Fixer le papier

Le papier étant le support du dessin, tôt ou tard l'artiste se trouve confronté au problème de le fixer sur la planche, car il ne travaille pas toujours sur un bloc. Pour cela, il utilise le système le mieux adapté à ses besoins.

Tracer des lignes droites

En dessin linéaire, la règle et l'équerre sont des outils indispensables. En dessin artistique à main levée ils rendent également service pour travailler correctement une perspective ou pour mesurer le papier avant de le couper.

Équerres. Elles remplissent les mêmes fonctions que la règle, et rendent service pour créer des angles précis.

Règle graduée. Elle s'emploie pour tracer des lignes vraiment droites : les trottoirs d'une rue ou les lignes de fuite d'une perspective, par exemple. En outre, elle permet de prendre des mesures avant de découper la feuille (voir : » La perspective », pages 34-35).

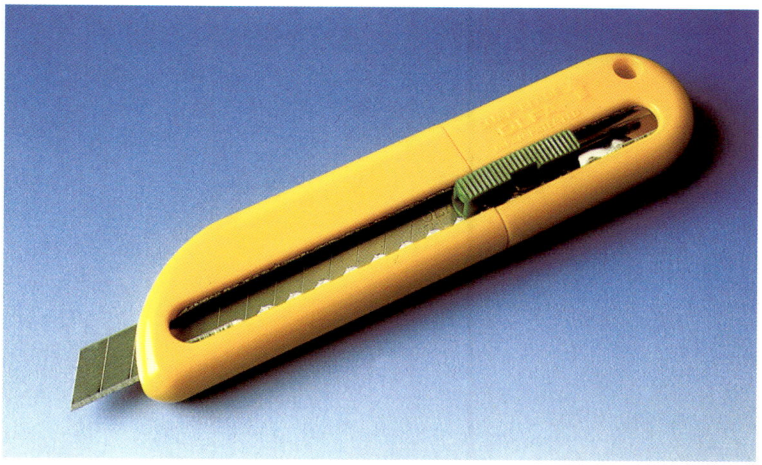

Cutter. Il permet de couper le papier à l'aide de la règle, et d'affûter les crayons et les mines.

Couper

Le dessinateur ne travaille pas toujours dans le même format, si bien qu'il sera amené à découper ses feuilles de papier pour pouvoir dessiner dans des formats plus petits. Pour cela, il dispose des ciseaux ou du cutter. Pour découper des petits formats, mieux vaut se servir des ciseaux. Pour les grands formats, le cutter, guidé par la règle, est préférable.

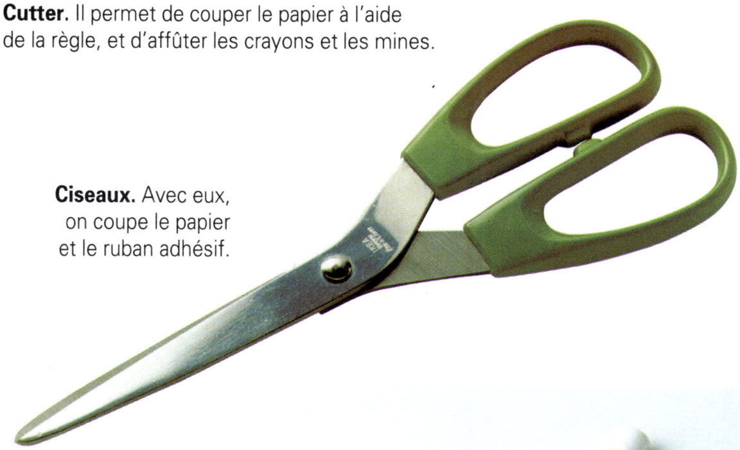

Ciseaux. Avec eux, on coupe le papier et le ruban adhésif.

Compléments divers

Le cadre de carton et les craies blanches sont des accessoires dont le dessinateur peut se dispenser. Ils peuvent néanmoins lui faciliter la tâche ou enrichir ses moyens d'expression. Ce sont des objets bon marché qu'il est bon d'avoir sous la main en cas de besoin.

Craie blanche. En bâtonnet ou en crayon, tous les nécessaires à dessin des artistes en comportent. Grâce à elle, on peut mettre des rehauts de lumière dans les zones où il est impossible de récupérer le blanc du papier (voir : « Le ton, la lumière et les ombres », pages 46-49).

Cadres. On s'en sert pour étudier le cadrage à partir de la nature ou d'une photographie (voir : « Cadres » pages 30-31).

Utiliser le graphite

Le graphite, ou mine de plomb, est le minerai avec lequel on fabrique les crayons et les mines. Selon sa composition, il présente différents degrés de dureté, et il produit des lignes fines ou des traits épais selon son inclinaison sur le papier.

Pour dessiner des détails et des lignes courtes, le crayon, le porte-mines et les bâtonnets se prennent de la même façon que si vous vouliez écrire. Ainsi, votre instrument aura une inclinaison correcte sur le papier et vous pourrez faire des traits fins si la pointe est bien affûtée.

Tenir le crayon

Les crayons avec ou sans gaine de bois et les porte-mines se tiennent normalement du bout des doigts comme pour écrire. C'est de cette manière que l'on travaille les détails ou des zones limitées du dessin. Cependant, pour avoir un trait plus ample, il est conseillé de le tenir avec la paume de la main. Ainsi, d'un simple mouvement du poignet, vous pourrez le déplacer dans toutes les directions.

En saisissant le crayon avec la paume de la main, le geste gagne en aisance. D'un seul mouvement du poignet, vous tracez des courbes et des lignes amples. Avec cette prise, on peut incliner le crayon pour que la mine soit de biais et produire ainsi des traits épais.

Traits fins et épais

Il est impossible de faire des traits fins avec le graphite si la mine n'offre pas des arêtes, autrement dit si elle n'est pas affûtée. Pour obtenir des traits plus épais, il suffit de l'incliner légèrement sur la feuille pour élargir la surface de graphite en contact avec le papier.

1

2

3

1. En fonction de l'inclinaison donnée au crayon ou à la mine sur le papier, on obtiendra des traits plus ou moins épais.

2. Les mines de graphite en forme de crayon s'utilisent ainsi que le montre l'illustration, et produisent des traits d'épaisseur variable en fonction de leur position sur le papier.

3. Les bâtonnets de graphite à section carrée ont des arêtes affûtées avec lesquelles on trace des lignes fines. Les côtés laissent une marque plus épaisse. Ils se serrent entre le pouce et l'index comme une craie.

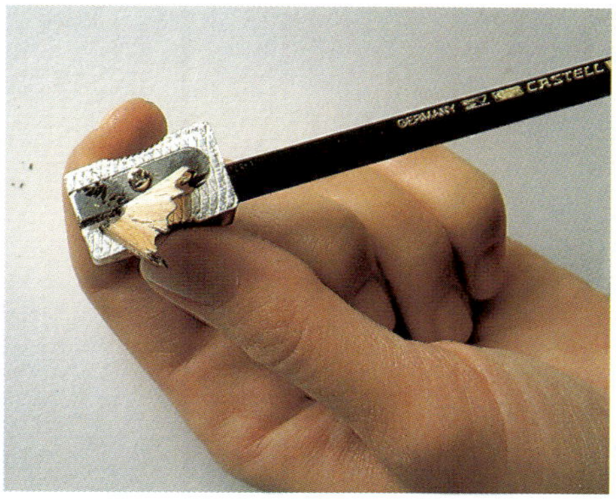

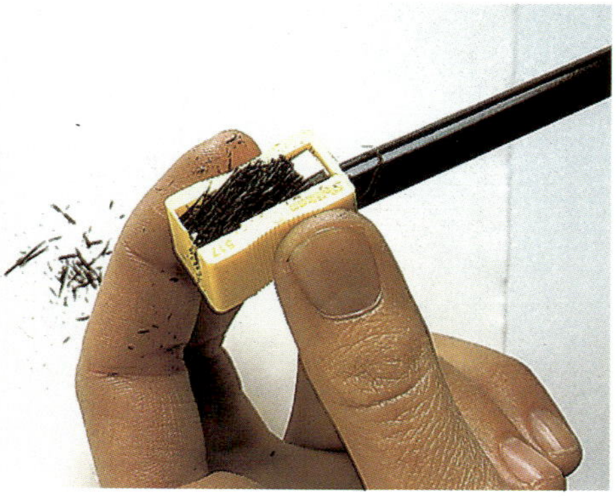
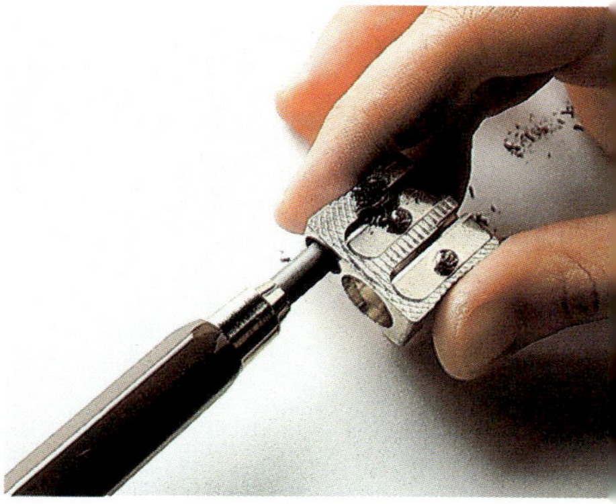

Le taille-crayon peut affûter tous les types de mines.

Affûter le graphite

On affûte une pointe de graphite avec un taille-crayon, qu'il s'agisse d'un crayon ou d'une mine. Certains artistes préfèrent tailler leurs mines avec un cutter qui produit des angles variés, et donc un résultat légèrement différent sur le papier. L'avantage du cutter est qu'on peut enlever de gros copeaux de la gaine de bois qui entoure la mine. De cette façon, on dispose d'une mine plus longue qu'on taillera moins souvent.

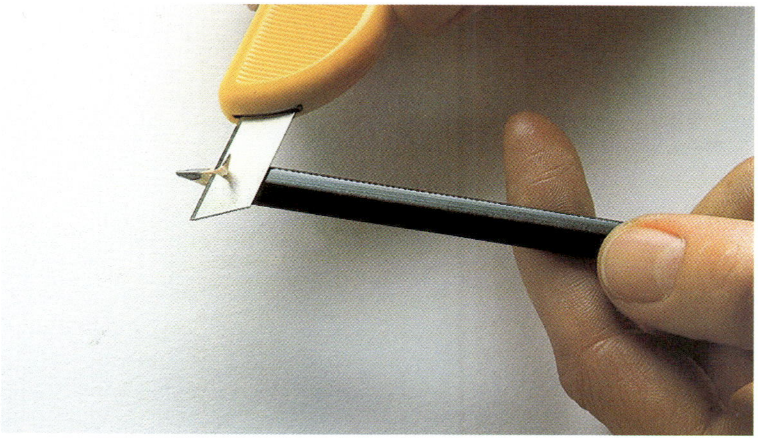

En affûtant le graphite avec le cutter, on obtient des arêtes que le dessinateur peut utiliser pour traiter les détails.

Dessiner proprement

Quand le dessin a atteint un stade avancé, il faut éviter d'appuyer la main sur le papier. Le frottement pourrait en effet étaler du graphite et noircir l'œuvre. Quand vous dessinez des détails — ce qui nécessite de poser la main pour contrôler le mouvement du poignet — vous pouvez glisser une feuille sous la main pour éviter de salir le dessin.

N'OUBLIEZ PAS...

- L'épaisseur du trait dépend du degré d'affûtage d'une mine et de son inclinaison sur le papier.
- Vous pouvez tailler vos crayons et vos mines aussi bien avec le taille-crayon que directement avec le cutter.

Utiliser le fusain

Le fusain, d'origine végétale, est plus léger que le graphite. Il permet de faire des traits fins, moyens et épais. C'est une matière tendre qui s'effrite facilement. Pour cette raison, il se travaille bien à l'estompe, mais il est plus sale.

Un bâtonnet de fusain se tient comme une baguette de bois.

Pour faire des traits fins, on met à profit les arêtes qu'offre le bâtonnet neuf, ou celles qui se présentent à mesure que celui-ci s'use.

Les parties plates qui se forment à la pointe du fusain sont idéales pour faire des traits d'épaisseur moyenne.

Tenir le fusain

Le bâtonnet de fusain se tient dans la paume de la main, jamais comme un crayon, à cause de sa fragilité. En outre, comme il laisse beaucoup de poudre sur le papier, il ne faut jamais toucher la feuille avec la main.

Pour faire des traits fins, le dessinateur doit se servir des arêtes qui se forment à la pointe du bâtonnet à mesure qu'il dessine. Comme c'est une matière tendre, le fusain s'effrite vite

N'OUBLIEZ PAS...

- Les bâtonnets de fusain sont extrêmement fragiles et se cassent comme du verre.
- Le fusain adhère mal au papier. Il se détache au moindre contact.
- Il ne faut pas manipuler le papier avec des doigts noircis pour éviter d'y faire des taches.

Pour noircir de grandes surfaces ou faire des traits très épais, on frotte un petit morceau de fusain.

et de nouvelles arêtes apparaissent sans cesse. Pour les traits épais, on dessine avec les zones aplaties de la pointe, et pour noircir de grandes surfaces, on appuie toute la longueur d'un fragment de bâtonnet.

Pour affûter un bâtonnet il suffit de le frotter sur un morceau de papier, ou mieux, sur un affûtoir constitué d'un morceau de papier de verre monté sur une lamelle de bois.

Affûter le fusain

Bien que, le plus souvent, l'usure qui se produit en dessinant suffise à affûter la pointe, il arrive que l'on ait besoin de l'affûter pour travailler avec précision. On utilise alors un affûtoir au papier de verre, ou on frotte le bâtonnet sur une surface rugueuse.

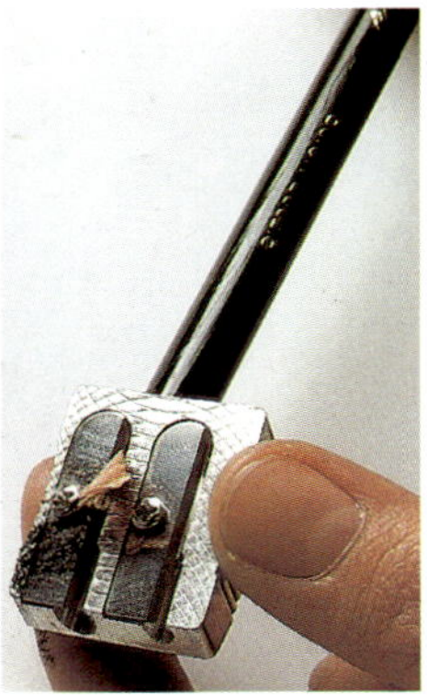

Avec les crayons de fusain, il faut se servir d'un taille-crayon ou d'un cutter, car il faut enlever le bois de la gaine.

Le fusain salit

Non seulement le fusain noircit les mains du dessinateur, mais il se détache facilement du papier. Il ne faut donc pas appuyer la main sur la feuille pour ne pas étaler la poudre et brouiller le dessin. De même, il faut faire très attention à ne pas noircir les parties qui doivent rester blanches en manipulant le dessin avec des mains sales.

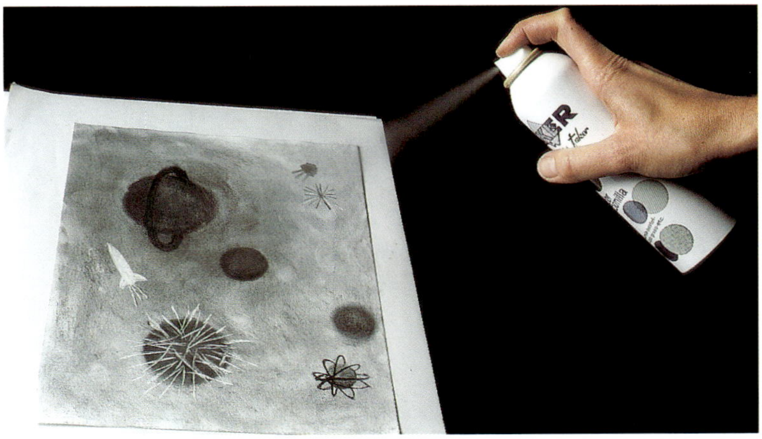

Pour éviter de perdre ou d'abîmer les dessins au fusain, il est indispensable de leur appliquer une couche de fixatif, sinon la poudre s'effritera quand vous le rangerez dans le carton à dessins.

Le fusain est extrêmement fragile, de sorte que le dessinateur est obligé de travailler sans poser les mains sur le papier.

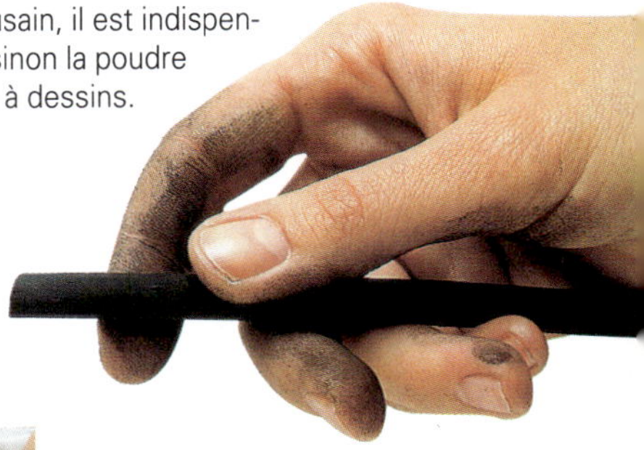

Le seul contact avec le bâtonnet noircit les mains de l'artiste.

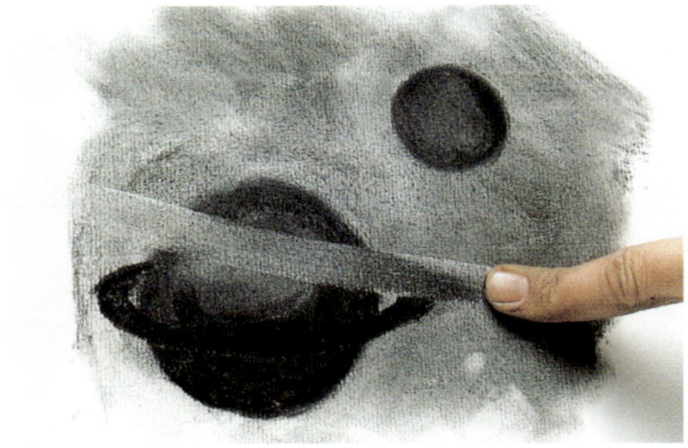

Le fusain s'étale très facilement. Un léger effleurement sans pression suffit pour abîmer un dessin.

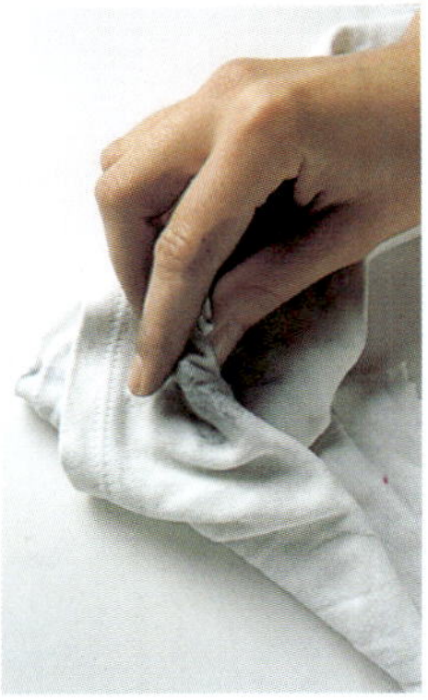

Pour garder les mains propres, on peut les essuyer avec le chiffon qui sert à effacer. La propreté est importante surtout pour manipuler les feuilles et travailler les zones de blanc.

La direction du trait

La direction du trait est d'une importance capitale pour communiquer force et fidélité à l'image. Il existe des milliers de traits différents et les lignes qu'ils produisent peuvent aller dans toutes les directions. Pour obtenir de bons résultats, il faudra choisir le trait approprié qui suggère la direction correcte.

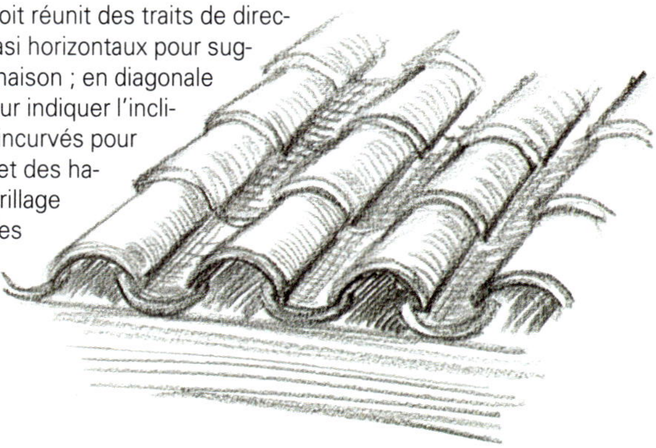

Le dessin de ce toit réunit des traits de directions variées : quasi horizontaux pour suggérer le mur de la maison ; en diagonale sous les tuiles pour indiquer l'inclinaison du toit ; incurvés pour rendre les tuiles et des hachures en quadrillage pour l'ombre qui les sépare.

Le trait est le moyen de rendre la texture rugueuse et les lignes sinueuses de ce tronc.

L'importance du trait

La ligne est le fondement du dessin, et sa direction, ou celle du trait, revêt une importance capitale. Par le trait, on arrive à suggérer tout ce qu'un dessin veut transmettre, le volume, la texture ou le poids d'un objet, l'intensité de ses ombres, la forme, la profondeur d'un paysage, etc. Une courbe est le plus appropriée pour suggérer un volume sphérique ; s'il s'agit de dessiner des surfaces planes, les lignes droites conviennent mieux, et pour faire des ombres, il vaudra mieux recourir à certains types de hachures.

S'exercer avec des traits

Quand on débute, il est difficile de bien connaître les possibilités expressives du trait. Il est donc conseillé de faire des exercices pour les découvrir, et de s'obliger à résoudre les problèmes de traits en laissant l'estompe de côté.

Nous avons choisi cette nature morte de fruits comme modèle pour réaliser un exercice où toutes les difficultés seront résolues avec des traits.

1

2

1. Après avoir placé les formes, on rend la peau de ce corossol par des traits en arceaux.

2. Pour la texture de l'orange, il suffit de faire ses lignes radiales partant du centre et allant vers l'écorce. On remarquera que nombre de ces lignes sont interrompues pour faire plus naturel.

3

3. Nous suggérons le volume sphérique de l'orange à l'aide de traits enveloppants. Pour l'ombre portée sur le corossol, on a fait des traits incurvés dans le sens vertical.

4

4. Les ombres des fruits sur la table se rendent parfaitement par des traits horizontaux qui donnent une sensation de poids.

5

5. Le dessin terminé, nous constatons que la combinaison de ces traits de directions variées a donné de bons résultats.

N'OUBLIEZ PAS...

- Le trait communique direction, volume, poids et texture. De sorte qu'une nuance correcte réalisée avec des traits inadéquats peut donner un résultat médiocre.
- Le trait doit suivre la direction que suggère le modèle.

Estomper

L'estompe est une pratique fondamentale dans la technique du dessin. Elle permet d'adoucir les lignes et de faire des ombres et des fondus subtils. L'œuvre s'enrichit grâce à un meilleur rendu des textures et à des effets particuliers, surtout dans les dégradés d'ombre.

Nous allons réaliser le dessin de cette nature morte de bonbons dans les deux techniques : crayon graphite et fusain. Dans les deux cas, nous utiliserons les mêmes méthodes d'estompage. Les effets obtenus, quoique proches, seront malgré tout différents.

Estomper le graphite et le fusain

Le graphite et le fusain s'estompent par les mêmes moyens, avec des résultats différents dans l'une et l'autre technique, car le graphite, légèrement gras, adhère davantage au papier. Le fusain se prête mieux à l'estompage et produit des taches plus spongieuses.

Procédés d'estompage

Les procédés d'estompage sont très variés et donnent tous des résultats légèrement différents. Avec le doigt, par exemple, on obtient des taches plus compactes, car la graisse naturelle de la peau agglutine la couleur. Au contraire, le coton hydrophile ne permettant pas d'exercer une pression considérable sur le papier, il donne un résultat plus inconsistant. Le chiffon convient si l'on veut estomper de grandes surfaces avec imprécision. Le coton-tige est réservé aux petites zones et à l'adoucissement des contours. Avec une estompe, instrument créé spécialement pour estomper, on pourra faire des taches denses et des effets

1. Pour réaliser les premières taches de gris, le chiffon convient parfaitement, car il crée une ombre légère et imprécise, surtout dans les dessins au fusain.

2. Estompage des lignes avec le doigt. La tache obtenue est plus compacte, car la graisse naturelle de la peau agglutine le pigment du graphite.

1

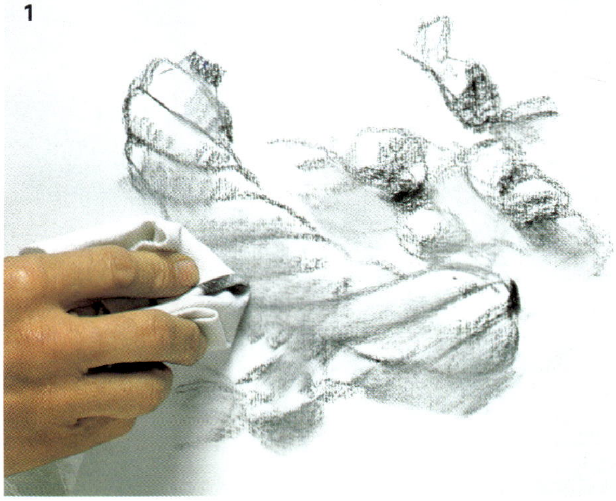

2

spongieux, selon la pression exercée. L'estompe est taillée en pointe pour pouvoir travailler avec précision sur de petites zones.

4

6. L'estompe permet de faire toutes sortes d'effets. Dans cet état final de l'exercice au graphite, on peut apprécier la différence avec le résultat obtenu au fusain (n° 5). Au fusain, le noir est plus intense et l'effet plus spongieux. Au crayon graphite, le trait apparaît en maintes zones d'ombre et les taches sont plus compactes.

3

3. Avec du coton hydrophile, l'effet produit est moins dense qu'avec les doigts.

4. Le coton-tige, par sa taille, est utile pour estomper de petites zones ou des contours trop prononcés.

5

5. La pointe de l'estompe est irremplaçable pour travailler avec précision et faire les ultimes retouches.

6

Nettoyage de l'estompe

À la longue, l'estompe s'imprègne de graphite et de fusain, au point qu'on peut dessiner avec elle. L'inconvénient est qu'elle peut salir des zones que l'on désire maintenir propres. On la nettoie en la frottant sur du papier de verre.

Une estompe sale permet aussi de dessiner.

En frottant l'estompe sur un affûtoir, on enlèvera les dépôts de graphite et de fusain qui la noircissent.

Effacer et utiliser la gomme

La gomme est un élément indispensable à la pratique du dessin. On ne l'utilise pas seulement pour corriger les erreurs, mais aussi pour retrouver la couleur du papier et placer des rehauts de lumière.

Pour effacer avec les gommes tendres, il suffit de frotter doucement sur le trait de graphite.

Pour avoir un morceau de gomme pointu, découpez-le au cutter.

Ces petits morceaux de gommes sont irremplaçables pour ménager des blancs très fins ou gommer des petits détails avec leurs arêtes.

Le porte-gomme est très pratique également pour un travail de précision, et sa gomme peut se tailler comme un crayon.

Gommer le graphite

Pour effacer un trait de graphite, qui est une matière grasse, on se sert d'une gomme tendre en caoutchouc ou en mie de pain. Elles sont toutes deux très douces et ont été conçues pour effacer sans abîmer le papier. Malgré cela, il faut user de la gomme avec délicatesse et modération. À trop insister sur un endroit on peut rendre le papier impropre au dessin. Dans ce cas, il vaut mieux changer de feuille et tout recommencer. Comme avec toute gomme, les gommes tendres laissent des petites particules qu'on écarte avec la main ou en soufflant.

Les gommes ne servent pas seulement à effacer, ce sont aussi des instruments de dessin. En effaçant certaines zones spécifiques, le dessinateur crée des plages lumineuses ou des éclats de lumière.

Gommer le fusain

Le fusain est une matière sèche qui devient poudreuse quand on l'applique sur le papier. Son adhérence est faible et il se détache donc facilement.

Les traits ou les taches de fusain s'effacent aussi bien avec la gomme tendre qu'avec la gomme malléable. Mais, si l'épaisseur de poudre est importante il vaut mieux utiliser la seconde qui, en plus, abîme moins le papier.

La gomme malléable ne fait pas de miettes.

N'OUBLIEZ PAS...

- La gomme peut effacer le trait de graphite, mais elle n'éliminera pas le sillon creusé dans le papier. Il ne faut donc pas appuyer trop fort avec le crayon tant que l'on n'est pas sûr que le trait est définitif.
- La gomme malléable perd son pouvoir d'absorption quand elle est trop sale.

La gomme tendre tout comme la malléable effacent le fusain.

C'est une espèce de mastic qui absorbe le fusain. Quand une partie est saturée de fusain et qu'elle ne gomme plus, il suffit de la malaxer un peu pour faire ressortir une partie propre.

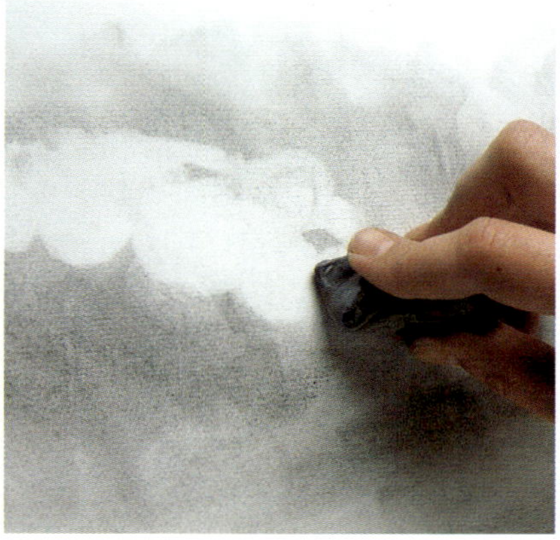

La gomme malléable absorbe la poudre de fusain, ce qui fait apparaître le blanc du papier.

Un des avantages de la gomme malléable est qu'on peut lui donner cette forme effilée pour ménager de petits blancs ou gommer des zones au dessin complexe.

Le chiffon est idéal pour faire disparaître de grandes taches. C'est la façon la plus rapide d'effacer tout ou partie d'un dessin au fusain, mais il en reste toujours des traces.

Pour obtenir un effacement total après le passage du chiffon, il faut terminer avec la gomme tendre.

Nettoyer la gomme

Il est indispensable d'effacer avec une gomme propre afin de ne pas salir le papier, et il faut secouer le chiffon de temps en temps pour enlever l'excès de fusain. Il est conseillé de le laver souvent et de travailler avec des chiffons propres.

Quant aux gommes, chacune se nettoie à sa manière.

N'importe quelle gomme se lave à l'eau et au savon.

Pour nettoyer la gomme malléable, il suffit de la pétrir légèrement pour faire ressortir les parties propres.

La gomme tendre se nettoie en la frottant sur un papier comme si l'on gommait. Il est normal que le corps de la gomme se noircisse au contact du graphite et du fusain. Tant que l'extrémité est propre, ceci n'est pas un problème.

La composition

La composition est une étape préalable au dessin. Son importance est capitale pour donner du caractère à une œuvre. Il existe de nombreux types de compositions qui permettent, avec un même groupe d'objets, de produire des effets visuels différents.

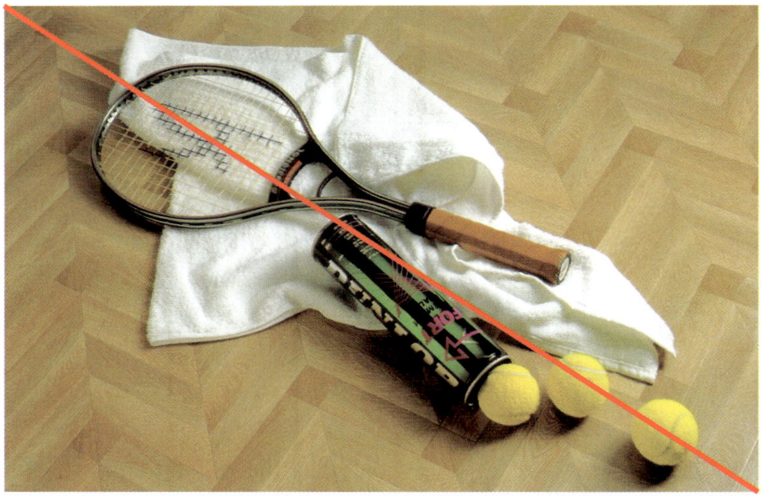

Nous avons choisi un équipement de tennis pour construire différentes compositions. Ici, apparaît une composition en diagonale où les positions de la raquette et de la serviette contribuent à suggérer cette ligne imaginaire qui traverse la feuille. La boîte de balles donne du poids à la moitié inférieure de la composition.

La composition en diagonale

Dans une composition en diagonale, les formes du modèle s'ordonnent le long d'une ligne qui traverse le papier en diagonale. L'image peut donc se diviser en deux parties, ou être traitée comme un élément indiquant une direction.

La composition centrée

Dans une composition centrée, le motif se groupe au centre de l'image, créant une sensation d'unité par rapport au fond. Dans la majorité des compositions de ce type, l'ensemble que constitue le motif est circonscrit dans un cercle placé au centre de la feuille.

Ici, les éléments sont distribués de manière à former un ensemble que l'on pourrait enfermer dans un cercle.

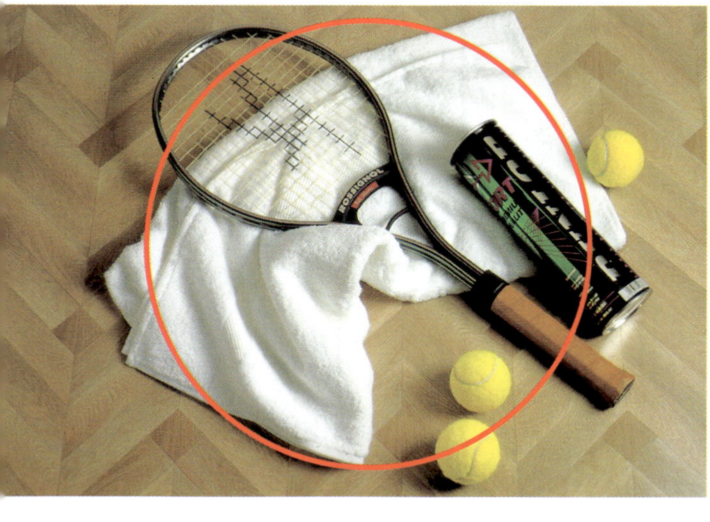

Les types de compositions sont très divers. Dans celle-ci, les objets sont disposés de manière à dégager quatre lignes formant une croix.

La composition triangulaire

Dans cette composition, les objets sont circonscrits dans un triangle. La composition triangulaire, en un sens, est une forme de composition centrée, mais il serait impossible de réunir les objets qui la composent dans un cercle fermé.

N'OUBLIEZ PAS...

- L'équilibre et l'harmonie d'une nature morte dépendent fondamentalement d'une bonne composition.
- Les mêmes objets distribués d'une façon ou d'une autre peuvent produire des sensations très différentes.

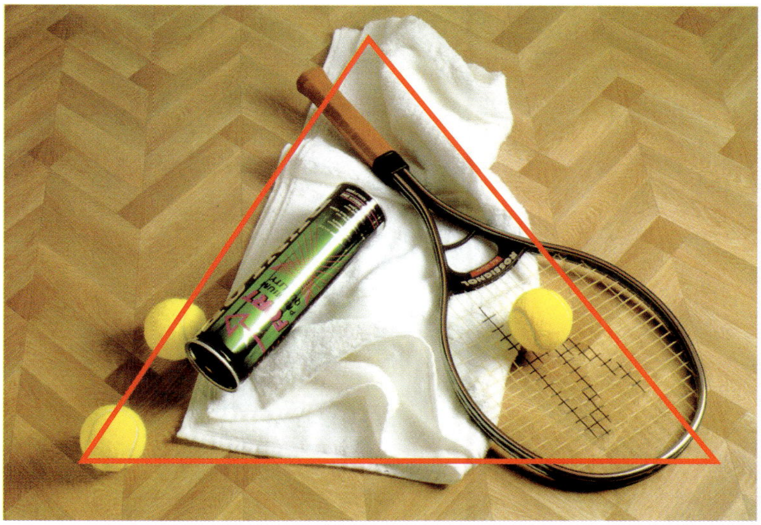

2. Après avoir tracé les contours des objets, nous incorporons leurs divers éléments.

2

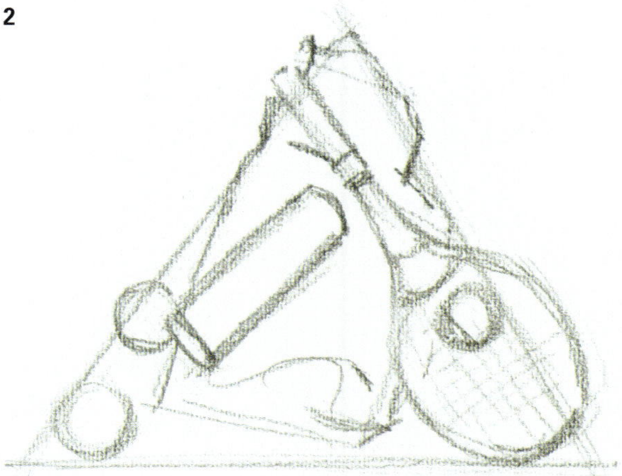

1. Nous avons pris comme modèle la composition triangulaire que nous allons maintenant dessiner. Pour commencer, nous traçons les lignes du triangle de base. Elles serviront de guide pour placer les formes sur le papier sans nous perdre dans l'espace.

1

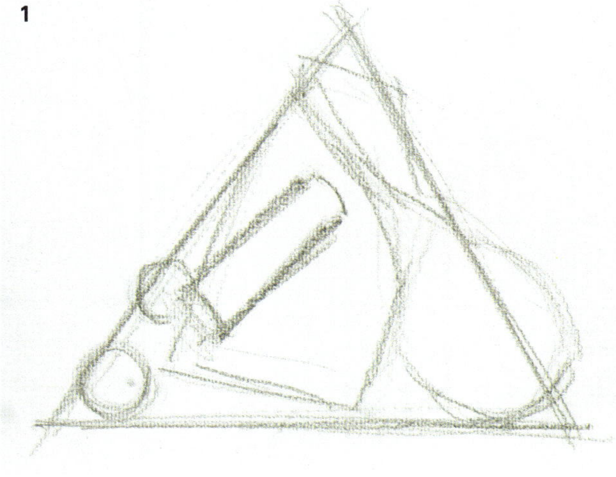

Simplifier pour dessiner

Ramener une composition à des lignes élémentaires simples permet d'analyser l'image que l'on veut dessiner et son équilibre dans un cadrage déterminé. Cette connaissance est très utile pour traduire les formes du modèle sur le papier.

3

3. À la fin, nous gommons les lignes de la composition et nous noircissons les ombres.

Le cadrage

Le cadrage est une étape préalable au dessin. C'est lui qui donne son identité à l'image et qui permet d'équilibrer les volumes à l'intérieur de la feuille de papier.

Le cadre de carton est un instrument commode pour choisir un cadrage.

Le cadrage

Le cadrage est une étape préalable au dessin, d'une importance capitale, dont dépend l'harmonie et l'équilibre de l'image dans l'espace de la feuille. « Cadrer » signifie situer le modèle à l'intérieur d'un espace concret. Autrement dit, décider si l'œuvre sera réalisée dans un format en largeur ou en hauteur, et quelles seront les limites exactes de l'image.

Fabriquer un cadre

Quand on manque d'expérience, le cadrage peut s'avérer plus compliqué qu'il n'y paraît. Pour se faciliter la tâche, beaucoup d'artistes ont recours à un cadre de carton qui simule les limites du papier et leur permet de

1. Avec une règle et un cutter, on découpe deux morceaux de carton en forme de L.

1

2. Les deux morceaux se joignent de manière à délimiter une fenêtre plus ou moins grande, plus ou moins large — bref, qui s'adapte aux besoins du moment.

2

N'OUBLIEZ PAS...

■ Du cadrage dépend l'équilibre des masses dans l'image et le schéma fondamental de composition.

choisir la partie du paysage ou du modèle qu'ils vont dessiner.

Quand on prend une photographie, on est obligé de cadrer. Malgré cela, il est probable que le dessinateur voudra représenter une partie seulement de cette image. C'est alors que le cadre devient très utile.

Cadrer une image

Tenir le cadre tout en dessinant est assez incommode, surtout si l'on ne maîtrise pas la technique. Pour cette raison, beaucoup de débutants préfèrent prendre une photographie du modèle pour le dessiner tranquillement à la maison.

1. À partir de cette photographie, nous allons choisir un cadrage pour dessiner l'édifice qui se trouve à l'arrière-plan.

2. Le cadre formé de deux pièces indépendantes s'adapte à la taille et au format souhaités. Mais le cadrage en largeur étudié ici n'est pas convainquant.

3. Autre possibilité : un cadrage en hauteur aux résultats totalement différents. Les toits du premier plan relèguent l'édifice au second plan, lui faisant perdre tout intérêt.

4. Finalement, nous revenons au cadrage en largeur, mais beaucoup plus resserré autour de l'édifice qui occupe une position parfaitement centrale et redevient, ainsi, le sujet principal de l'image. Une fois le cadrage déterminé, nous fixons les deux parties du cadre avec des trombones, et nous commençons à dessiner.

Le dessin selon le cadrage choisi est terminé.

Les proportions

Pour la transposition sur le papier, il est indispensable de respecter les proportions du modèle, afin d'obtenir, en plus de la ressemblance avec la nature, un dessin qui soit cohérent et réaliste.

1

1. Pour commencer, nous avons schématisé le modèle, un ourson en peluche avec une balle, en ramenant l'espace à un carré divisé en deux parties, celle qu'occupe l'ourson et celle correspondant à la balle.

2

2. En étudiant le modèle, nous prenons les mesures des formes à l'aide du crayon pour avoir une idée correcte de leurs tailles respectives.

Observer

L'observation attentive est une des clés de la réussite d'un dessin : l'artiste prend ainsi conscience des formes et des rapports de grandeur des unes avec les autres. Avec l'habitude, on devient capable de mesurer les objets à vue. Le débutant, lui, a besoin de s'aider pour arriver à une interprétation correcte.

Dans tous les cas, il est très important d'observer minutieusement le modèle, sans se précipiter, avant de commencer à dessiner. Il vaut mieux perdre quelques minutes à analyser les volumes, leur articulation et leurs dimensions, plutôt que dessiner spontanément et corriger sans cesse avec la gomme par la suite.

Prendre les mesures

Un des moyens de conserver dans le dessin les mêmes proportions que celles du modèle consiste à le mesurer à l'aide du crayon et à reporter ensuite ces mesures sur le papier. On évite ainsi des erreurs majeures. Il est conseillé de vérifier à plusieurs reprises l'exactitude des proportions au cours du dessin, car elles peuvent s'altérer au fil du travail.

N'OUBLIEZ PAS...

■ Pour éviter les erreurs en prenant les mesures du modèle avec le crayon, il faut toujours garder la même distance entre la main et l'œil. Le plus commode est de s'habituer à prendre les mesures le bras tendu.

3

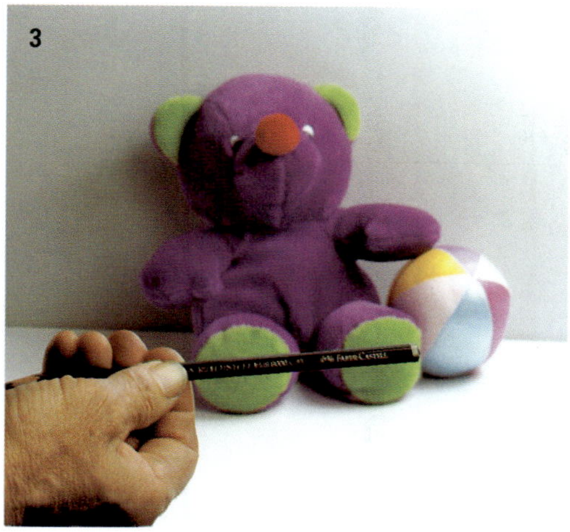

3. Après une première ébauche des formes, nous vérifions que les proportions sont justes, comme ici avec la largeur des pieds.

4

4. Bien que nous ayons déjà pris les mesures avant de tracer les premiers traits, nous devons vérifier, comme ici avec la largeur des pieds, que les proportions ne se sont pas altérées en dessinant.

5

5. Nous refaisons la même chose avec la tête.

6

6. Une fois que nous nous sommes assuré que les proportions sont justes, nous approfondissons l'ébauche avec plus de détails et des traits plus sûrs.

7

7. Ensuite, nous gommons les lignes du carré et poursuivons le dessin sans nous préoccuper d'une éventuelle erreur de proportion.

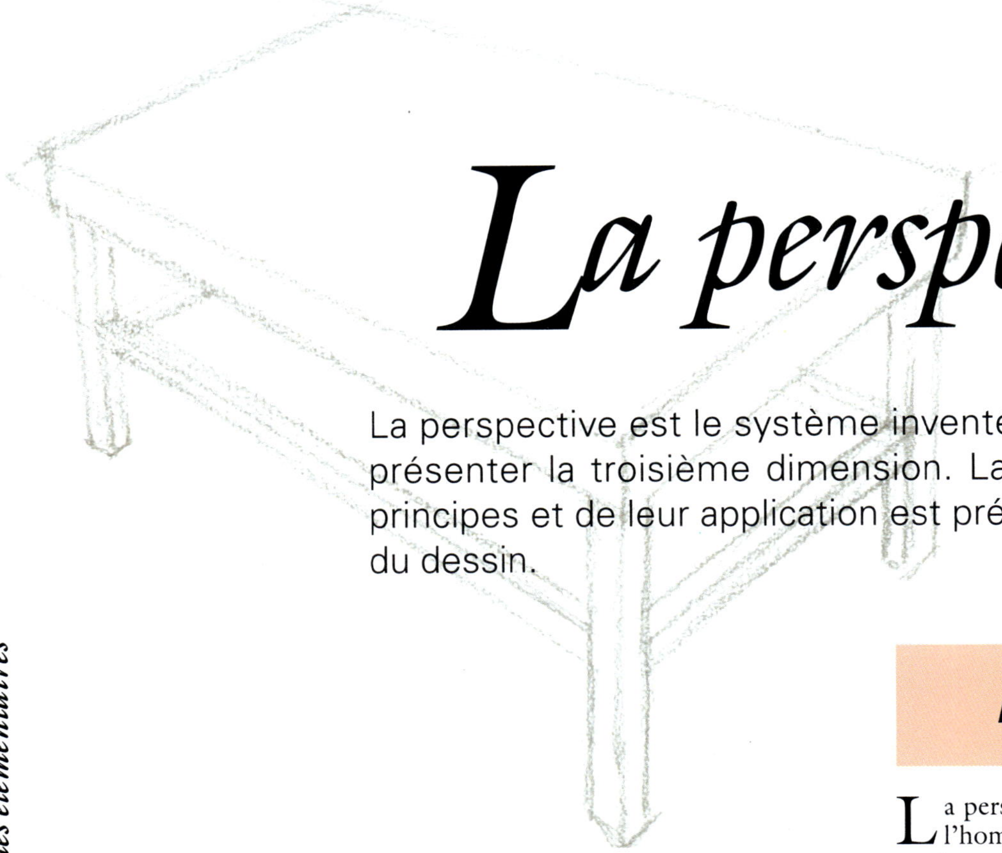

La perspective

La perspective est le système inventé par l'homme pour représenter la troisième dimension. La connaissance de ses principes et de leur application est précieuse pour la pratique du dessin.

À quoi sert-elle ?

La perspective est le système imaginé par l'homme pour représenter correctement sur le papier, en deux dimensions, la réalité tridimensionnelle. Il est important que le dessinateur connaisse les bases de la perspective. Grâce à elle, l'œuvre sera réaliste et cohérente avec le modèle qu'elle représente.

Pour commencer à dessiner, il n'est pas nécessaire de posséder une connaissance approfondie de ce sujet. Quelques notions fondamentales seront suffisantes pour représenter les objets dans l'espace sans problème.

La perspective parallèle

C'est la perspective qui se construit avec un seul point de fuite. Elle permet de représenter les objets qui se trouvent face au spectateur. Pour mieux comprendre son fonctionnement, nous prendrons la forme tridimensionnelle la plus simple : un cube de verre.

1. Après avoir tracé la ligne d'horizon (hauteur des yeux), nous dessinons une face du cube et, au-dessus, à l'aplomb du centre, nous inscrivons le point de fuite

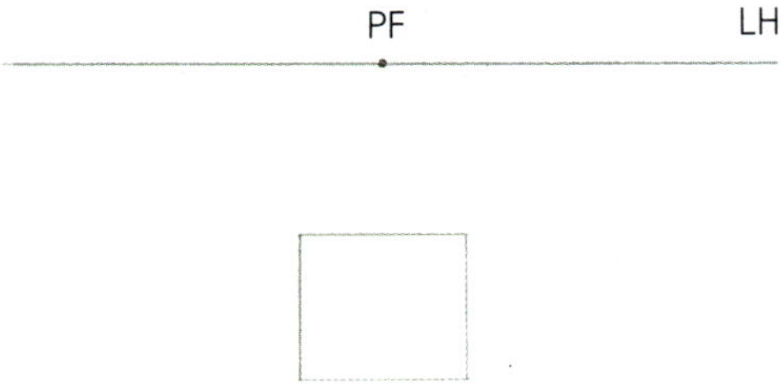

1

2. En partant de chaque angle du cube, nous traçons les lignes convergeant vers le point de fuite.

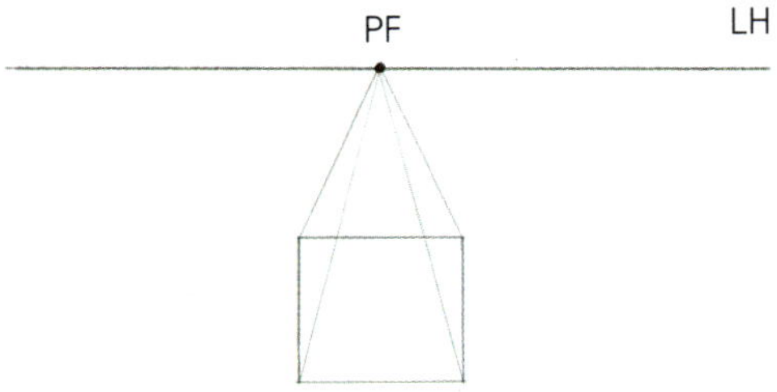

2

3. En calculant la distance à vue d'œil, nous traçons les lignes parallèles aux côtés du carré et nous obtenons la représentation d'un cube en perspective.

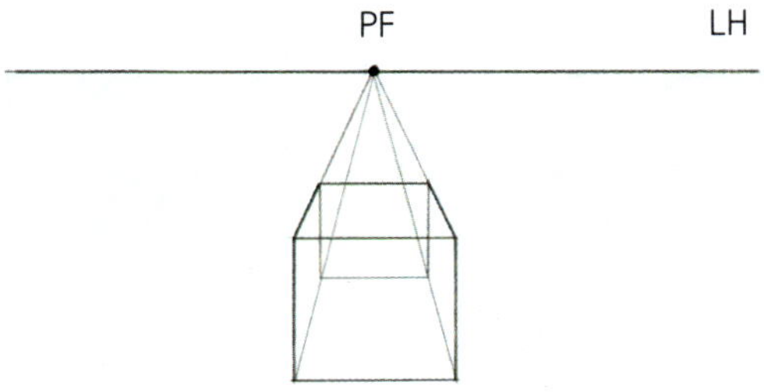

3

On peut penser que la représentation d'un cube en perspective, certes fort simple, est de peu d'utilité. Il n'en est rien : il ne faut pas oublier, en effet, que des milliers de volumes peuvent s'encadrer dans un cube, ou s'esquisser à l'aide d'un cube. Nous savons maintenant comment les représenter en perspective si nous les voyons de face. En voici un exemple avec ce fauteuil.

La perspective oblique

La perspective oblique recourt à deux points de fuite et permet de représenter les objets vus de côté. Il est important de la connaître, car il est rare que tous les objets d'une image apparaissent entièrement de face. La majorité d'entre eux devra être représentée de cette façon.

N'OUBLIEZ PAS...

- La ligne d'horizon (LH) se situe à la hauteur des yeux du spectateur.
- Les points de fuite (PF) sont ceux vers où convergent les lignes d'un volume.
- Il peut arriver qu'un point de fuite, ou les deux, se trouve hors de la feuille de papier. Ceci n'est pas un problème. Il suffira de tracer les lignes rejoignant l'endroit où il se situe, sur la planche ou sur la table (voir « Dessiner avec des lignes », pages 58-59).

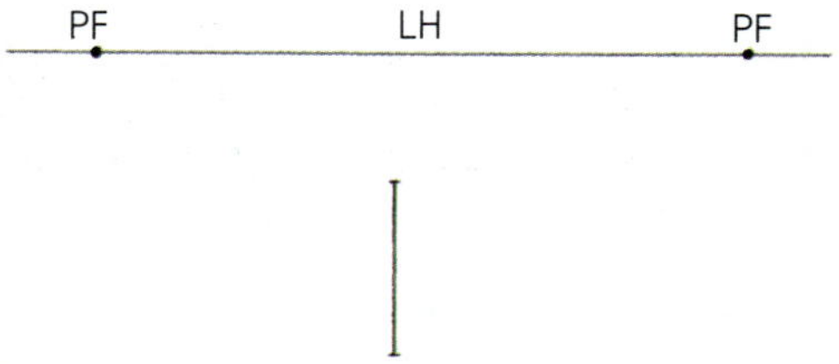

1

1. Commençons par tracer la ligne de hauteur des yeux et un segment vertical qui représente l'arête du cube la plus proche de nous, et plaçons deux points de fuite équidistants de cette arête.

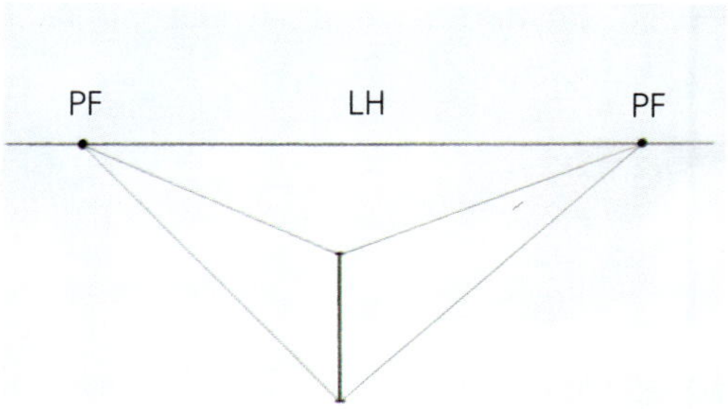

2

2. Traçons les lignes partant des angles et convergeant vers les points de fuite.

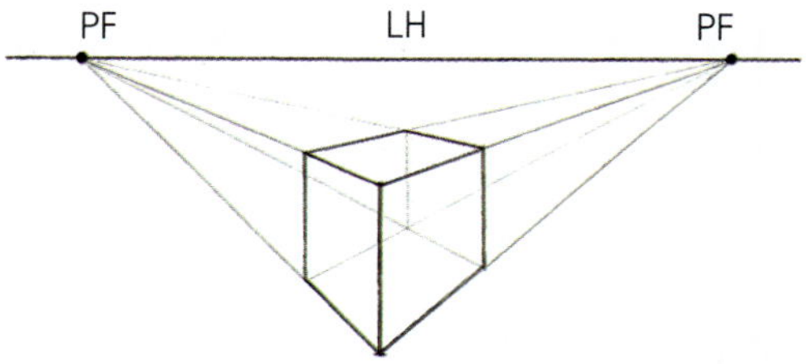

3

3. De nouveau, nous faisons un calcul visuel de ce que doit mesurer le côté du cube et nous traçons les verticales qui délimitent les deux faces latérales. Ces lignes nous donnent les points à partir desquels nous pouvons tracer les arêtes de la face supérieure.

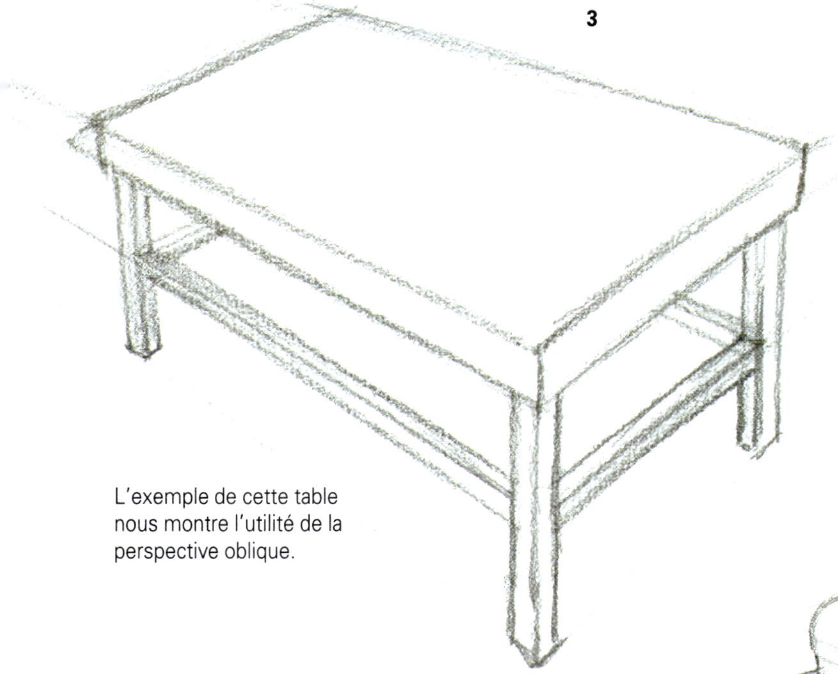

L'exemple de cette table nous montre l'utilité de la perspective oblique.

N'importe quel objet peut être enfermé à l'intérieur d'un cube ou d'un rectangle, comme cet arrosoir représenté en perspective oblique.

Le corps humain

Le corps humain — ou nu —, est un des sujets de prédilection en dessin. Il est donc important, malgré sa difficulté, de le connaître et d'apprendre à le dessiner.

Les petits enfants ont la tête proportionnellement plus grande que les adultes et les muscles moins développés.

Le corps de la femme a les hanches plus larges, la taille plus étroite, il possède des seins, et d'une manière générale, ses lignes sont plus arrondies que chez l'homme.

N'OUBLIEZ PAS...

■ Bien qu'il existe des proportions idéales, qu'on appelle des « canons », on doit toujours mesurer la hauteur du modèle en nombre de têtes, car certaines personnes sont plus élancées, d'autres plus trapues, et ces mesures universelles ne valent pas pour tous les corps.

Anatomies

Le nu est un des sujets les plus fréquemment représentés en dessin, tant pour sa valeur esthétique propre que comme exercice pour étudier l'anatomie humaine, son mouvement et sa structure en vue de le réaliser en peinture.

Le corps humain est constitué de trois parties : la tête, le tronc et les membres. L'anatomie de l'homme et celle de la femme sont semblables, à quelques différences près. Comparée à l'homme, la femme possède une taille plus fine, des hanches plus larges, des seins, et des épaules plus étroites. D'une manière générale, les lignes sont plus arrondies. L'homme, de son côté, possède une taille à peine marquée, une poitrine plate et des hanches étroites. Les enfants se distinguent essentiellement des adultes par la taille de la tête, proportionnellement beaucoup plus grande, par un ventre rebondi et par l'absence de musculature développée.

Construire le modèle

Comme tout volume, le corps humain peut être ramené à des formes géométriques simples, mais les étapes suivantes n'en sont pas moins compliquées étant donné la complexité de l'anatomie. L'un des problèmes majeurs du dessin de nu est de respecter les proportions de chaque corps. Pour cela, les dessinateurs ont l'habitude de diviser sa hauteur en segments d'une longueur égale à la hauteur de la tête, et à partir de là, de mettre en place toutes les parties du modèle.

Pour dessiner ce modèle debout nous commençons par mesurer sa hauteur en nombre de têtes. Résultat : six têtes et demie.

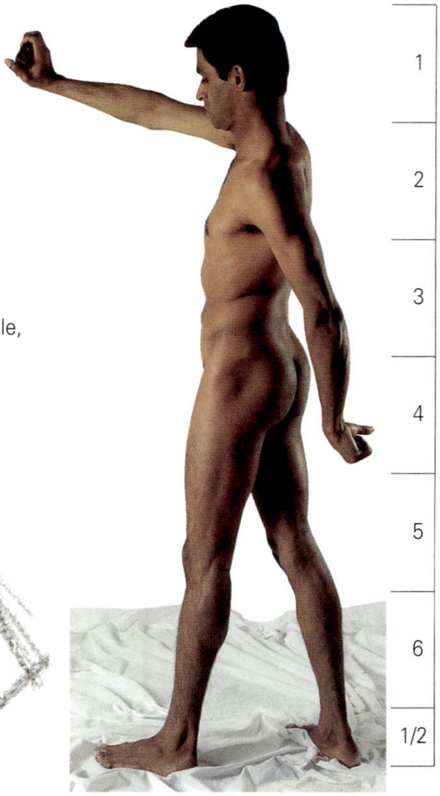

Quelle que soit la position du modèle, il peut toujours être enfermé dans une figure géométrique simple, que l'on appelle l'« encadrage ».

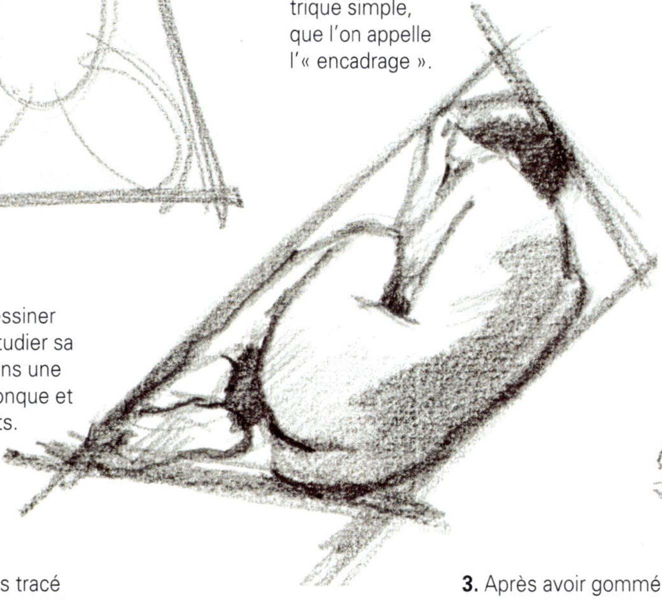

Avant de commencer à dessiner un modèle, il convient d'étudier sa structure, de l'encadrer dans une forme géométrique quelconque et d'en simplifier les éléments.

1. Sur la feuille, nous avons tracé une verticale que nous avons divisée en un nombre de segments égal à celui de la photographie du modèle : six têtes et demie. En nous appuyant sur ces segments, nous dessinons schématiquement le modèle.

2. Une fois que nous avons vérifié, en comparant le dessin avec le modèle, que les masses sont correctement mises en place, nous commençons à élaborer les formes.

3. Après avoir gommé les lignes de guidage, nous pouvons commencer à donner du volume avec les ombres.

4. Nous constatons que, par ce moyen, nous avons pu rester fidèles aux proportions du modèle.

1

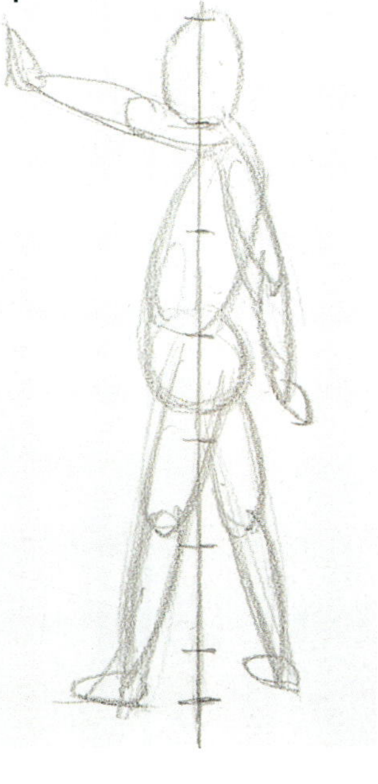

2

3

4

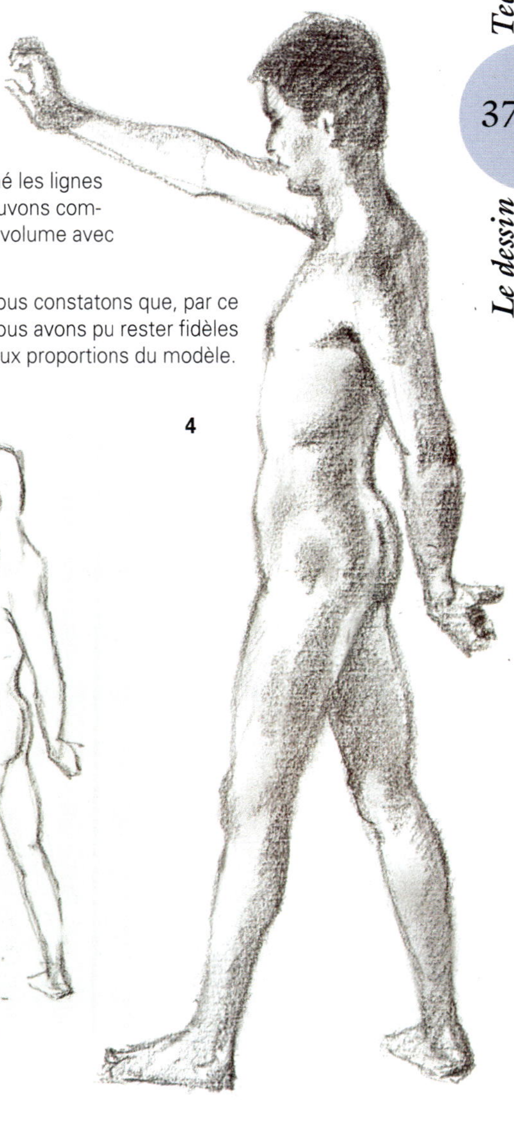

Reproduire l'image sur le papier

Si dessiner signifie, fondamentalement, élaborer une image sur une feuille de papier à partir d'un modèle naturel ou imaginaire, la première étape qui consiste à reproduire ce que nous voyons est toujours la plus difficile.

Des techniques variées

Parmi les moyens dont dispose le dessinateur pour reproduire une image sur le papier, certains sont plus simples que d'autres, mais la plupart sont assimilables à de la tricherie. Même ainsi, beaucoup d'artistes les utilisent pour réaliser sans erreur les premiers contours, se réservant de travailler ensuite librement les valeurs et les détails.

Quand on débute, surtout si le sujet comporte de grandes difficultés, ces moyens s'avèrent très utiles pour prendre de l'assurance et oser par la suite se lancer sans aide. En tout cas, il n'est pas recommandé de dessiner constamment de cette façon, car il est important d'arriver à dominer la technique avec une certaine aisance.

1. La méthode de la mise au carreau implique nécessairement de partir d'une image imprimée ou d'une photographie sur laquelle on puisse tracer un quadrillage.

Mettre au carreau

L'un de ces moyens, très laborieux, est la mise au carreau du modèle. Le quadrillage de l'espace permet à l'artiste de se repérer plus facilement dans la reproduction du modèle.

2. Sur le papier à dessin on trace un autre quadrillage identique au précédent, mais adapté aux dimensions de la feuille. On peut ensuite commencer à dessiner en se servant des lignes comme guides.

N'OUBLIEZ PAS...

■ En traçant le quadrillage sur le papier, il faut faire attention à appuyer le moins possible, pour pouvoir gommer facilement les lignes par la suite et éviter que le graphite ne laisse des traces sur le papier.

Le dessin monochrome est un défi pour l'artiste, car il doit interpréter en noir et blanc ce qu'il voit en couleurs. Pour s'aider, il peut faire une photocopie de bonne qualité du modèle. Elle lui indiquera toute la gamme des gris correspondant aux couleurs.

3. Une fois que l'on a tracé les principaux contours, on peut gommer le quadrillage et continuer à travailler sans aide.

4. Dans le dessin achevé, nous constatons que toute trace du quadrillage a disparu. Si l'on a pu le gommer facilement c'est que les lignes ont été tracées avec la plus extrême légèreté.

Décalquer

Comme avec la technique précédente, pour obtenir une image par décalque, il faut partir d'une autre image sur papier, une photographie par exemple. Tout le monde connaît cette technique au moins pour l'avoir pratiquée à l'école. Le problème, ici, vient de ce que le papier à dessin est opaque et ne laisse pas transparaître l'image à décalquer. Il faut donc se servir d'un papier-calque pour reporter l'image calquée sur le papier à dessin.

L'image que nous allons décalquer est la photographie d'un sujet très simple mais intéressant par ses volumes.

1

2

3

1. Nous posons un papier-calque sur un agrandissement de la photographie, et nous commençons à calquer les avocats.

2. Avec un crayon tendre, nous dessinons sur l'envers du papier-calque une épaisse bande suivant le tracé précédent. De cette façon, nous créons une sorte de papier carbone, comme celui qu'on utilisait autrefois pour faire des copies.

3. Ayant recouvert ainsi tous les contours, nous retournons le papier-calque à l'endroit et nous le plaçons sur le papier à dessin. Avec le crayon, nous repassons sur le tracé du papier-calque.

4

4. On a ainsi reproduit proprement l'image sur le papier à dessin.

5

5. Ensuite, nous achevons le dessin avec précision.

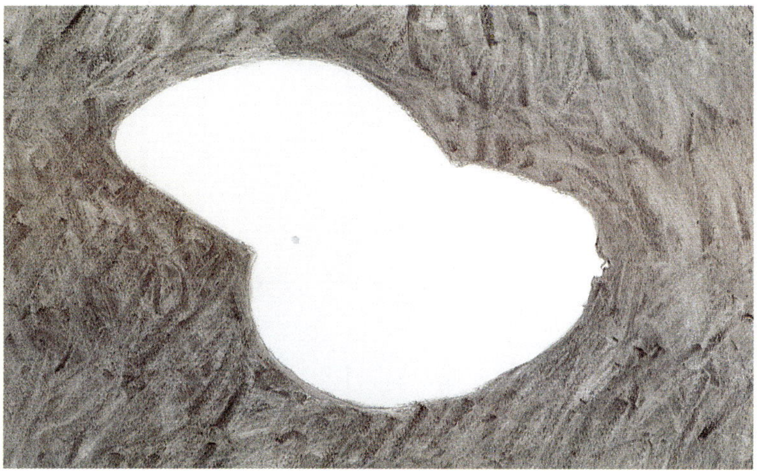

Il est regrettable que la technique du papier-calque épargne au dessinateur la peine de faire une analyse minutieuse de l'objet et de son environnement, alors que cet exercice est indispensable pour sentir les formes et les volumes. Pour les évaluer correctement, un bon conseil : essayez de voir et de dessiner l'image en négatif, comme ci-contre. On est surpris de découvrir quels sont les contours réels du fruit si l'on n'en retient que la silhouette.

Projeter l'image

Les photographes amateurs disposent avec les diapositives d'un bon moyen de reproduction de tout objet pris en photo, mais comme dans les autres cas, il est recommandé de se limiter à copier les principaux contours et d'élaborer ensuite le dessin sans aide extérieure pour lui donner un caractère plus naturel et plus personnel.

Cette technique est particulièrement bien adaptée aux dessins de grand format. Elle consiste à projeter l'image sur le papier à dessin, et à dessiner ensuite les contours au crayon graphite ou au fusain.

Le dessinateur pourra conserver le cadrage de la diapositive, ou bien ne choisir qu'une partie de l'image. Le projecteur permet également de copier un objet unique pour le représenter hors de son contexte.

Pour projeter la diapositive sur la planche à dessin, il faut trouver la bonne distance et la bonne inclinaison du projecteur pour que la taille de l'image projetée soit adaptée à celle de la feuille.

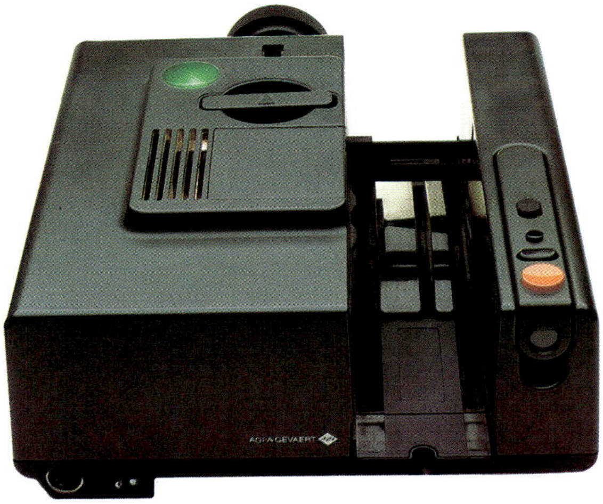

N'OUBLIEZ PAS...

■ Si vous avez recours au décalquage, vous ne devez pas chercher à calquer tous les détails, au risque d'obtenir un résultat faux et dénué de caractère.

■ La projection doit servir uniquement à copier les contours principaux. L'élaboration du dessin se fait ensuite sans aide extérieure.

Il n'est pas nécessaire de reproduire une diapositive telle quelle. Partant de l'image projetée, l'artiste peut réaliser le cadrage de son choix, ou faire des croquis comme s'il travaillait d'après nature.

Comment procéder

Pour dessiner à partir d'une diapositive, il faut projeter l'image sur du papier en adaptant la dimension de l'image projetée à celle de la feuille.

Après une bonne mise au point, on dessine les contours en évitant de faire de l'ombre avec sa propre main. Le dessinateur peut être tenté de reproduire aussi les ombres, mais il est vivement conseillé de faire ce travail sans l'aide de la projection pour donner un caractère plus personnel à l'œuvre.

1. Nous avons projeté l'image choisie sur la feuille fixée sur la planche à dessin. Nous passons ensuite au fusain les contours de la barque.

2

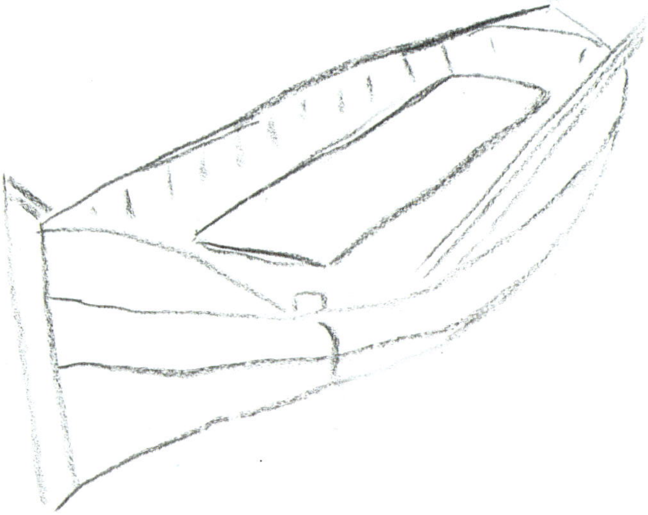

2. Une fois que l'on est en possession des grandes lignes du sujet, on peut continuer le dessin sans l'aide de la projection. On voit à quel point ces lignes sont dénuées de force et de personnalité. Le travail du dessinateur consiste maintenant à donner du caractère à son œuvre.

3

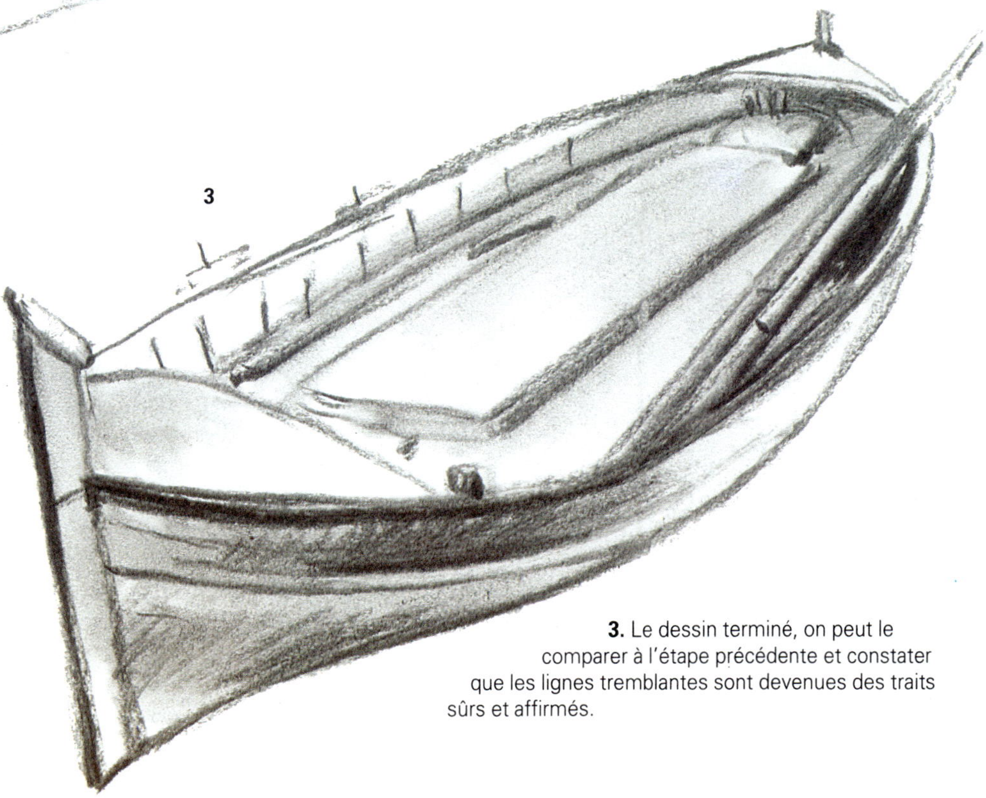

3. Le dessin terminé, on peut le comparer à l'étape précédente et constater que les lignes tremblantes sont devenues des traits sûrs et affirmés.

Faire des croquis

Prendre des notes rapides des formes, des ombres et de la composition, est le meilleur système pour étudier le modèle en profondeur et s'obliger à une observation longue et minutieuse avant de se mettre à dessiner.

L'importance des croquis

Si l'on veut réussir son œuvre, il est absolument indispensable d'observer le sujet avant de le dessiner. C'est le seul moyen d'obtenir une quelconque ressemblance de l'image avec le modèle. Faire des petits croquis rapides ou des esquisses du modèle avant de se lancer dans le dessin définitif est une pratique habituelle des dessinateurs professionnels. Ils peuvent ainsi se livrer à une étude approfondie du modèle sous tous ses aspects, du cadrage approprié aux valeurs d'ombre et de lumière, en passant par la complexité des formes et leur agencement dans la composition.

Dans un croquis, l'exécutant prend note des formes et des ombres, en ébauchant l'image à grands traits.

Les croquis peuvent être très divers. Dans celui-ci, l'artiste s'est attaché à saisir la forme au détriment des ombres.

Une esquisse de ce type, où les formes sont assez détaillées et les ombres parfaitement mises en place, est un bon guide qui permettra ensuite de réaliser le dessin en se passant, si besoin est, de la présence physique du modèle.

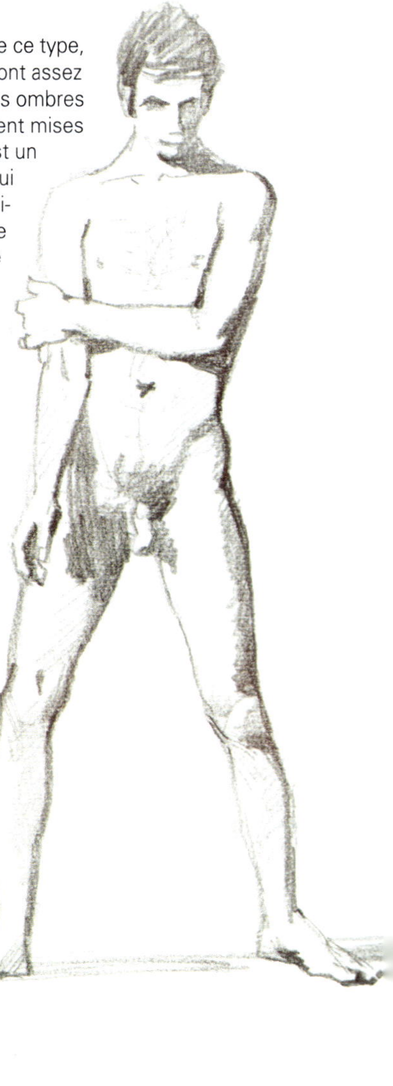

Comment faire des croquis

Croquer consiste seulement à dessiner de manière plus rapide, plus enlevée. Dans les croquis, formes et ombres sont notées à grands traits, de manière schématique, en négligeant les détails. La part de vide est beaucoup plus importante que dans les œuvres définitives.

Les croquis se font sur du papier économique, tel le papier recyclé, ou des blocs destinés à cet usage. Dans un croquis, on ne perd pas son temps à consigner les détails ; on cherche à synthétiser l'image en saisissant en trois ou quatre traits et quelques taches sombres, une posture, une forme, des ombres ou un cadrage.

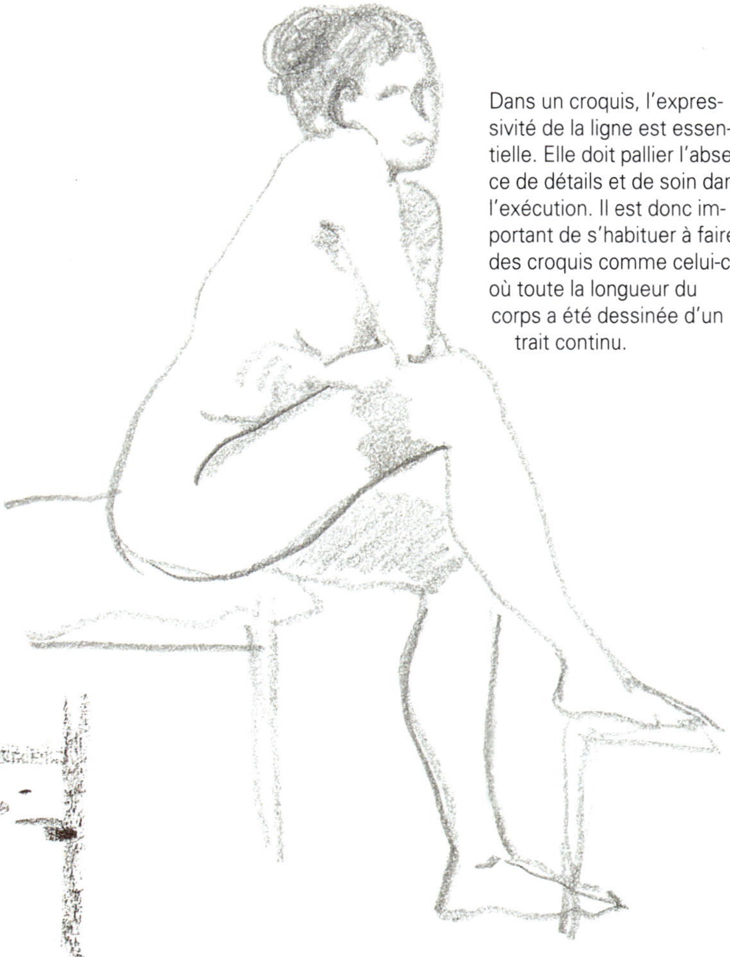

Dans un croquis, l'expressivité de la ligne est essentielle. Elle doit pallier l'absence de détails et de soin dans l'exécution. Il est donc important de s'habituer à faire des croquis comme celui-ci où toute la longueur du corps a été dessinée d'un trait continu.

Une autre fonction du croquis est de choisir un cadrage ou une composition. Ci-contre, l'artiste a étudié un format en largeur.

Le même paysage, présenté cette fois-ci dans un format en hauteur, donne une impression toute différente.

Le croquis est utile pour étudier les formes d'après nature et accumuler ainsi des matériaux qui serviront pour le travail ultérieur en atelier.

Les tons, la lumière et les ombres

Le jeu de l'ombre et de la lumière sur une matière produit toute une gamme de tons qui s'échelonnent des zones de clarté maximale aux zones les plus sombres. Pour l'artiste, cette variété de tons est le moyen de suggérer le volume.

Cette gamme réduite de tons a été réalisée avec un crayon graphite HB.

Pour obtenir des gris très clairs avec le fusain naturel, il faut laisser apparaître le blanc du papier. À mesure que les pores de la feuille sont bouchés par une pression accrue ou un passage répété du crayon, on arrive peu à peu au noir pur du charbon.

Les tons

Les tons d'une couleur sont tous les degrés d'intensité lumineuse qu'elle peut prendre sans perdre son identité. Les dégradés de tons d'une couleur vont de l'intensité la plus faible au ton le plus obscur que celle-ci peut prendre. Dans un dessin au fusain ou au graphite, les gammes de tons sont constituées de gris qui vont du ton le plus pâle à la couleur noire.

Élaborer une gamme de tons

Un bâtonnet de graphite ou de fusain peut produire sa propre gamme de tons si on joue avec la pression exercée et la fréquence des passages sur le papier.

Pour obtenir le ton le plus clair, on doit à peine effleurer la feuille pour y déposer une infime quantité de couleur. Plus on appuie avec le crayon, plus le ton s'intensifie, mais on peut obtenir le même résultat sans appuyer : simplement en passant à plusieurs reprises au même endroit. À chaque passage, une quantité de couleur se dépose et obscurcit le ton. C'est le meilleur système, car il évite de laisser des traces indélébiles sur le papier.

N'OUBLIEZ PAS...

- Les mines et les crayons graphite les plus durs sont gris et n'arriveront jamais à vous donner du noir.
- En dessinant avec des crayons de différents degrés de dureté vous obtiendrez des gammes de tons étendues.
- Aussi bien avec le fusain qu'avec le graphite, l'estompage produit des tons légèrement différents.

Dessiner une boule de papier froissé est un bon exercice pour étudier la construction des volumes par les tons.

En estompant les taches précédentes, on obtient une gamme de tons identiques, sans pour autant faire apparaître le blanc du papier.

Lumière et ombre : un jeu de tons

Les modulations de la lumière et de l'ombre communiquent la sensation du volume. Ce jeu d'intensités lumineuses, ou valeurs, génère une gamme de tons que l'artiste traduit en noir et blanc sur le papier et dont il tire parti pour dessiner ce qu'il voit.

Sur un objet placé dans la lumière, il existe toujours une zone ou un plan où la lumière est à son maximum d'intensité et une autre où l'obscurité y est la plus forte. Les zones de pénombre restantes reçoivent la lumière de manière indirecte. On distingue deux types d'ombres : les ombres portées qui sont celles qu'un objet projette sur le sol ou sur un autre objet, et les ombres directes qui résultent des formes mêmes de l'objet.

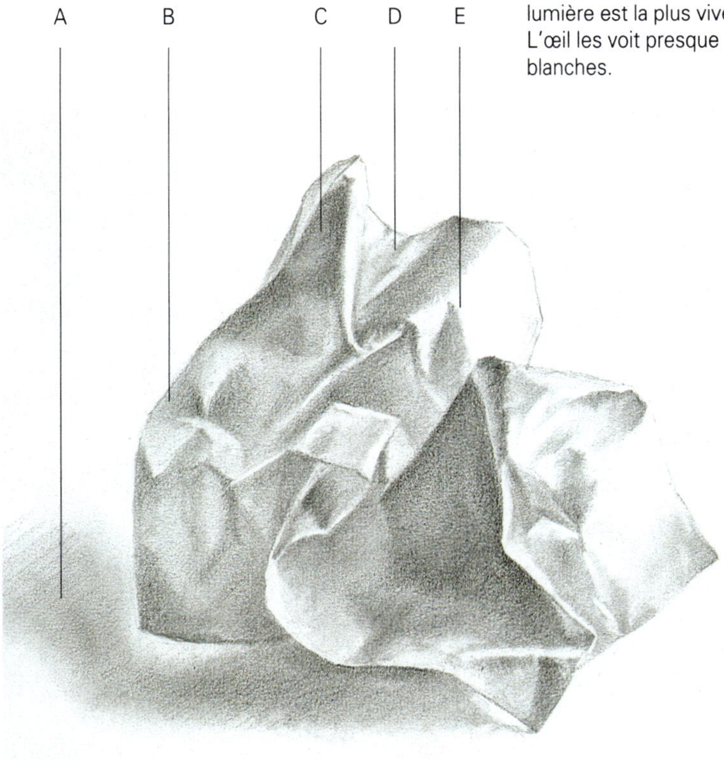

Ombre portée (A) : c'est celle qui est projetée sur d'autres objets.

Ombres directes (B) : ce sont celles que produit le relief des volumes de l'objet.

Zone d'obscurité maximum (C) : selon l'éclairage, cette partie se trouve dans les ombres directes, comme ici, ou dans l'ombre portée.

Zone de lumière (D) : c'est la partie où le ton de la couleur naturelle du modèle n'est pas modifié. Autrement dit, elle se voit ni plus claire ni plus sombre qu'elle n'est.

Éclats de lumière (E) : ce sont les parties où la lumière est la plus vive. L'œil les voit presque blanches.

Fusain naturel

Crayon graphite tendre HB

Graphite 8B

Degrés de dureté

Le fusain naturel présente toujours la même dureté quelle que soit la marque, alors que fusain comprimé, en bâtonnet ou en crayon, et toutes les mines graphite existent en différents degrés de dureté. Les mines les plus dures s'utilisent pour le dessin linéaire et minutieux, et produisent des tons gris. Les mines tendres sont plus noires et mieux adaptées au dessin artistique.

La palette des degrés de dureté permet d'obtenir des effets très variés dont l'artiste peut tirer parti dans son dessin, en changeant de crayon ou de mine pour un même dessin (voir : « Fusain et graphite », pages 6-7).

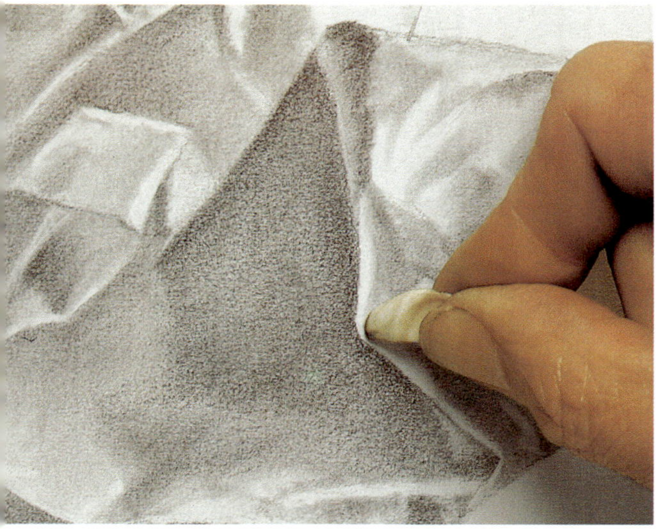

Bien qu'un espace blanc ait été réservé pour marquer le pli du papier froissé, il faut repasser avec un morceau de gomme pointu pour obtenir un blanc plus pur.

Créer des éclats de lumière

Ce sont les endroits où la lumière éclaire l'objet avec le maximum d'intensité. On les rend en laissant apparaître le blanc du papier. Pour cela, il faut faire attention à réserver ces zones pendant qu'on dessine, ou bien gommer des endroits déjà crayonnés. Une autre façon d'obtenir des blancs est d'utiliser la craie blanche, en bâtonnet ou en crayon.

La direction de la lumière

Élément essentiel pour créer une ambiance, la direction de la lumière donne un caractère particulier au modèle. Un éclairage frontal ne produit quasiment aucune ombre, et les objets s'offrent avec franchise. En revanche, si la lumière vient du sol, le même objet peut prendre un aspect inquiétant.

Avec un éclairage frontal et légèrement surélevé, l'ombre du cactus disparaît derrière sa masse, ce qui permet de voir distinctement les détails, sans mystère.

Les bâtonnets de craie blanche sont un moyen judicieux de poser des rehauts de lumière sur des papiers de couleur ou sur des zones où l'emploi de la gomme n'est pas approprié.

Quand la source lumineuse se trouve derrière le modèle, il se produit un contre-jour qui fait ressortir la silhouette de l'objet, mais qui montre au spectateur la partie la plus obscure, l'ombre directe.

Graphite 6B

Graphite HB

Graphite 3H

N'OUBLIEZ PAS...

- L'éclairage crée l'atmosphère d'une image.
- Les ombres se projettent en suivant la direction de la lumière.

Un éclairage venant d'en bas crée toujours une atmosphère mystérieuse et presque inquiétante.

L'éclairage latéral est idéal pour commencer à dessiner. Il engendre des ombres directes qui permettent de distinguer parfaitement les volumes, et il ne cache pas la direction de l'ombre portée.

La direction des ombres

Les ombres, directes ou portées, suivent la direction de la lumière. Pour les dessiner de façon cohérente, il suffit de savoir quel est l'angle d'incidence de la lumière. Pour le rendre sur la feuille de dessin, on trace des lignes droites partant de la source de lumière, sachant que ces lignes ne seront jamais parallèles, car la lumière irradie dans toutes les directions à partir d'un centre.

1

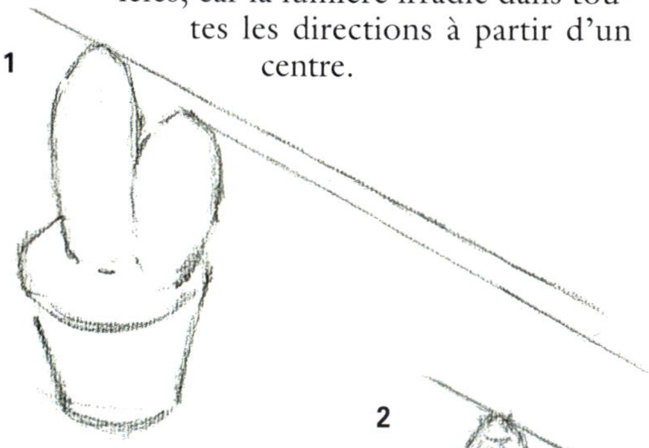

2

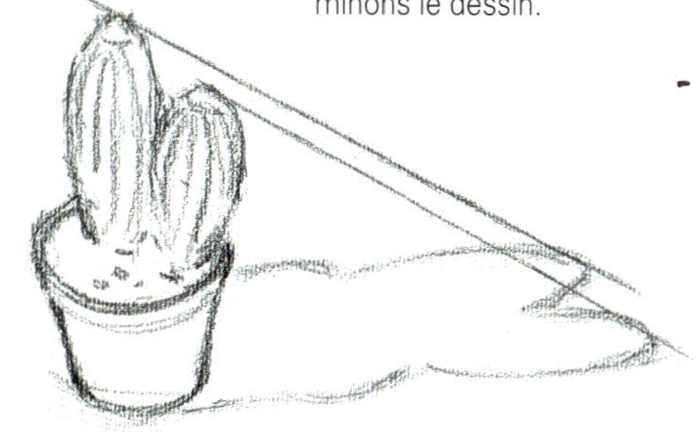

3

1. Nous avons pris comme modèle le pot de cactus éclairé latéralement. Après avoir délimité sa forme, nous traçons une ligne qui suit la direction de la lumière.

2. Ces lignes nous donnent les points de projection corrects des ombres. Il ne reste plus qu'à les dessiner en partant de la base du pot.

3. Le problème de la longueur et de la direction des ombres étant réglé, nous effaçons les lignes de guidage et nous terminons le dessin.

Les étapes du dessin au graphite

Le processus d'élaboration d'un dessin commence par le choix et l'observation minutieuse du modèle et se termine en donnant force aux volumes.

Pour cet exercice, nous avons pris comme modèle une élégante girafe qui associe un profil stylisé très suggestif à un pelage au dessin capricieux.

Encadrage et étude du modèle

Avant de commencer le dessin définitif, il convient de faire quelques croquis du modèle pour bien le connaître et analyser sa structure, car le fait de connaître une forme en facilite énormément le dessin. Chaque artiste travaille à sa façon, mais il existe une méthode qui facilite la résolution ultérieure de l'œuvre. Elle consiste à schématiser les volumes, à les réduire au maximum à des formes géométriques simples pour comprendre la structure de l'objet et l'articulation de ses parties : tête, tronc et membres.

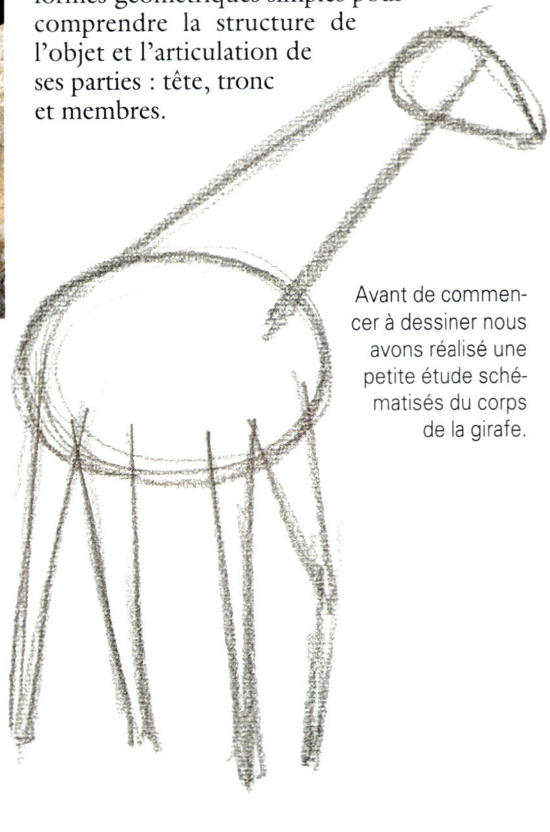

Avant de commencer à dessiner nous avons réalisé une petite étude schématisés du corps de la girafe.

Nous avons travaillé avec un crayon tendre 6B, une mine 4H, une gomme tendre et une estompe ordinaire.

Définition des formes

On réalise ensuite une ébauche légère de la silhouette. À ce stade, il faut bien vérifier si les formes et les proportions sont exactes, en gommant et en recommençant, si besoin est. Si l'ébauche est correcte, on peut continuer en définissant les formes avec précision.

1

1. La silhouette de la girafe peut s'inscrire dans un rectangle. Cette forme géométrique que nous traçons avant de faire l'esquisse nous aidera à rester fidèle aux proportions et à restituer la posture exacte.

2

2. À l'issue de cette première étape, réalisée en traits légers et faciles à gommer en cas d'erreur, nous vérifions que l'ébauche de la silhouette est correcte et nous avançons en vue d'une meilleure définition du contour.

2

3. Nous poursuivons en travaillant la robe de l'animal. Nous réalisons d'abord le dessin des taches, réservant les modulations de tons pour l'étape suivante.

4

Donner du volume

Si les lignes principales du dessin suggèrent déjà que le modèle possède une certaine épaisseur, une véritable sensation de volume, le modelé s'obtient essentiellement par le jeu des ombres et des lumières. Le moment est venu, après la mise en place des formes, d'introduire ces éléments dans le dessin, pour finir ensuite par les petits détails.

4. Nous dessinons les taches du pelage de l'animal en restant fidèles à l'original pour que le résultat soit réaliste.

5

N'OUBLIEZ PAS...

- Les ombres légères peuvent être rendues en passant doucement avec l'estompe sale, ou en étalant le pigment de graphite des taches ou des lignes voisines.
- La réalisation d'un dessin minutieux exige du temps.
- Outre les ombres et les lumières, les contours contribuent à suggérer le volume.

5. Les taches achevées, nous les estompons légèrement avec le doigt pour que leurs contours soient moins accusés et obtenir ainsi un rendu plus juste de la texture douce du pelage. Les ombres légères du poitrail et de la patte postérieure sont exécutées par le même procédé.

6

7

7. À l'aide du porte-gommes, nous effaçons de petits espaces entre les taches pour retrouver le blanc du papier et faire ressortir les zones de lumière.

6. La pointe de l'estompe permet d'assombrir avec plus de précision le museau en estompant les taches et les lignes de la tête. Elle nous a également servi à étaler l'ombre portée sur le sol.
On mesure l'importance de cette ombre en compa-rant l'image avec des stades antérieurs du dessin où la girafe donnait l'impression de flotter dans l'espace à cause de l'absence d'ombre portée.

8

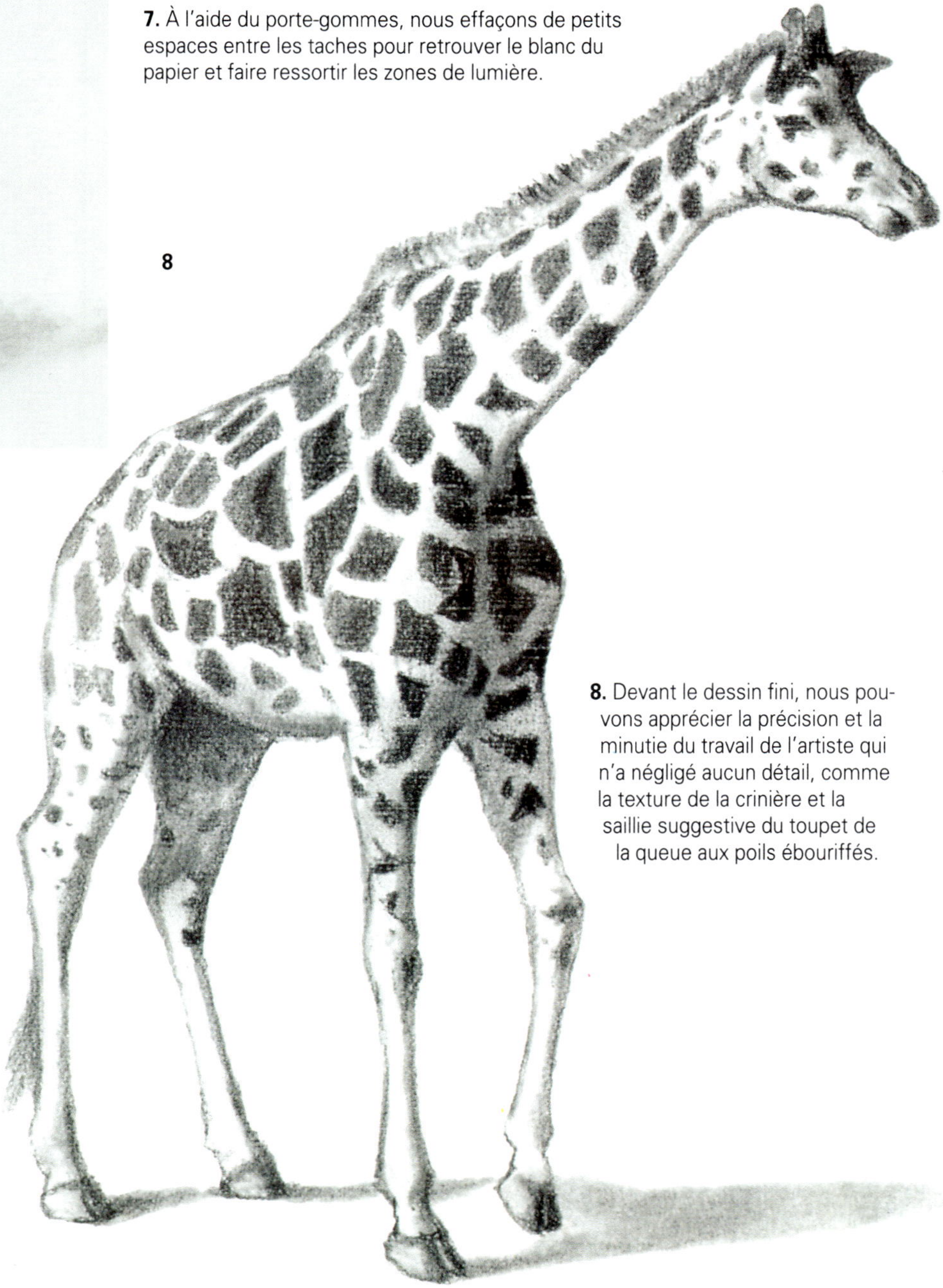

8. Devant le dessin fini, nous pouvons apprécier la précision et la minutie du travail de l'artiste qui n'a négligé aucun détail, comme la texture de la crinière et la saillie suggestive du toupet de la queue aux poils ébouriffés.

Les étapes du dessin au fusain

La réalisation d'un dessin au fusain commence par le choix d'une composition à l'intérieur d'un cadrage, et se termine par l'application d'un fixateur, en passant par la définition des formes et la réalisation d'un dégradé correct de gris.

Dans le cas de natures mortes réunissant plusieurs objets identiques, l'intérêt de la composition dépend de la manière de les disposer. Nous allons nous attaquer à ce groupe de beignets pour montrer que même les formes les plus simples peuvent donner lieu à des images vivantes et suggestives.

Encadrage des objets

La première étape, après avoir décidé du cadrage, consiste à étudier la composition. On en trace les lignes principales et l'on met en place les formes. À ce stade, l'effort doit essentiellement porter sur la justesse des proportions, de la perspective et des contours.

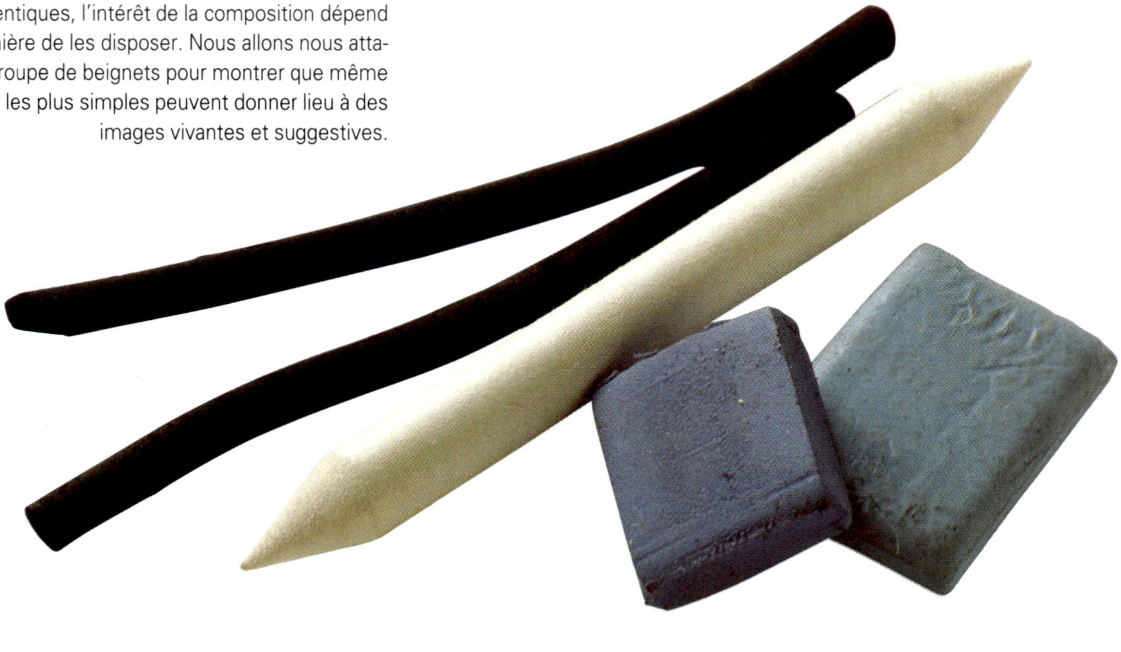

Une feuille de papier, un bâtonnet de fusain, une estompe et une gomme malléable sont les seuls instruments dont on ait besoin pour faire un dessin au fusain.

N'OUBLIEZ PAS...

■ Avant de s'aventurer à placer les ombres, il est nécessaire de vérifier que les premiers contours sont bien situés, que la perspective est respectée et que les proportions sont correctes.

■ L'estompage donne des résultats légèrement différents selon qu'il est réalisé au doigt ou à l'estompe.

1

1. La composition des beignets s'inscrit dans un rectangle central. À l'intérieur de ces quatre lignes, on dessine leur contour en les plaçant correctement.

2

2. La phase suivante consiste à éliminer les lignes de guidage de la composition au moyen d'un chiffon.

3

3. Pour effacer complètement les marques de fusain, on repasse avec la gomme malléable.

4

4. Nous commençons à ombrer d'un trait à peine appuyé.

Ombrer et estomper

Les formes étant en place, on peut se mettre à ombrer. Il ne faut surtout pas se précipiter pour affirmer les ombres. Arrêtez-vous quelques instants et observez bien le dessin pour vérifier l'exactitude des contours. N'oubliez pas qu'il est beaucoup plus simple et propre d'effacer une ligne qu'une tache.

5

5. Nous précisons toutes les zones d'ombre en insistant un peu plus avec le fusain sur les zones plus obscures. À ce premier stade, il faut éviter les contrastes exagérés pour ne pas commettre une erreur de ton, car il est plus facile d'assombrir que d'éclaircir.

6. Le moment est venu d'estomper les taches. On procède avec l'estompe ou avec le doigt. N'oubliez pas qu'avec celui-ci, les ombres sont plus compactes.

6

Les retouches et les détails

Au cours de cette phase ultime, on pose les détails et l'on retouche les ombres, les lumières et les contours. Cette étape est aussi importante que les précédentes, car c'est à ce moment qu'apparaissent la profondeur, le contraste et la texture des objets.

7

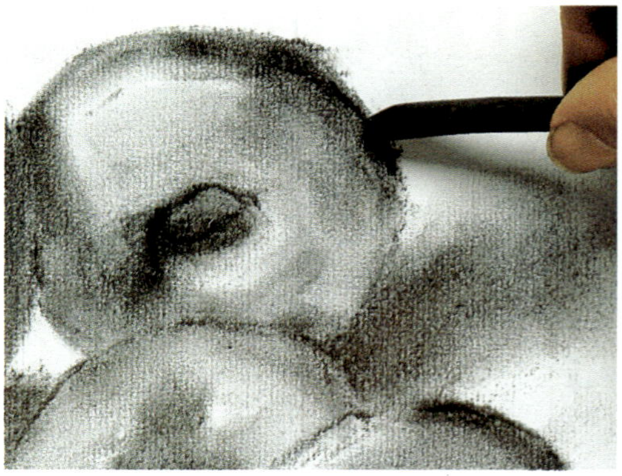

7. Après une pause pour comparer le dessin avec le modèle, nous constatons que certaines ombres doivent être accentuées. Il suffira d'appliquer un peu plus de fusain sur ces parties et l'on estompe à nouveau.

N'OUBLIEZ PAS...

- Avec l'estompe, on peut également créer des effets particuliers.
- Pour dégager des blancs, il faut travailler avec un côté propre de la gomme (tendre ou malléable), sinon elle salira le papier.
- Pour obtenir des blancs plus purs, on peut accentuer l'effet de la gomme malléable en repassant avec la gomme tendre ou la gomme mie de pain.

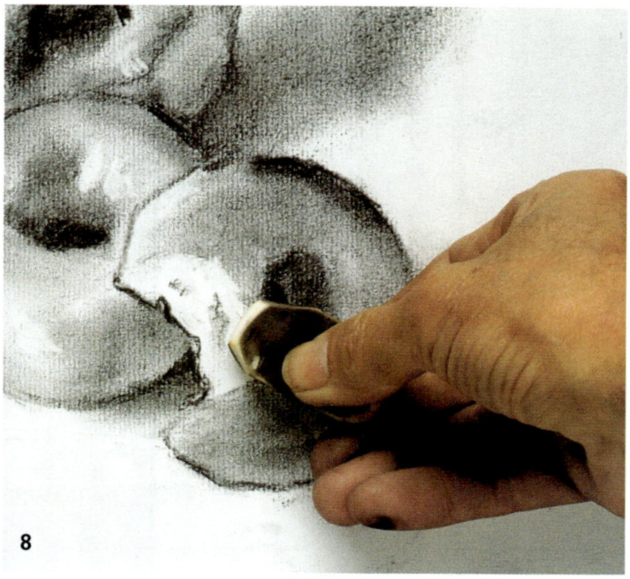

8

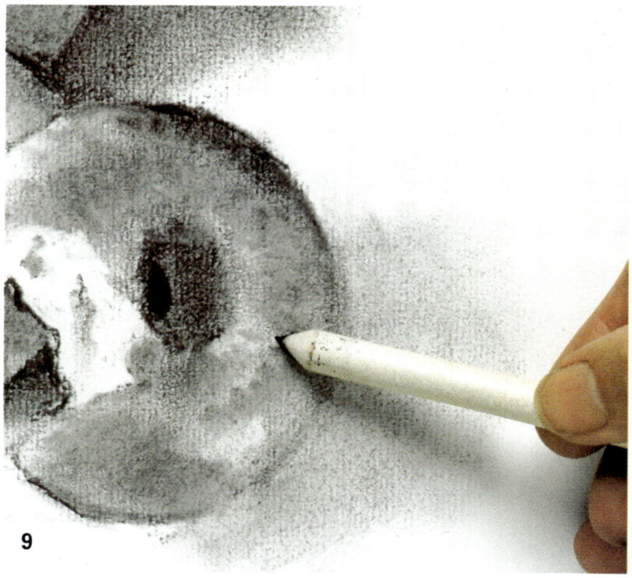

9

10

9. Nous avons donné quelques coups de gomme supplémentaires pour rendre le sucre glace qui recouvre les beignets, et avec l'estompe, nous retouchons certaines parties avec l'idée de rendre la texture irrégulière de la pâte.

10. Le dessin terminé, il est indispensable d'appliquer une couche de fixateur pour éviter que la poudre ne se décolle du papier.

8. Pour faire ressortir les parties lumineuses, nous dégageons des blancs à l'aide de la gomme tendre ou de la gomme mie de pain. Peu importe que les facettes de la gomme soient imprégnées de poudre de fusain, il faut simplement que le côté avec lequel on gomme soit propre pour ne pas salir le papier.

11

11. Sur le résultat final, on voit bien les effets obtenus avec la gomme et l'estompe pour rendre la couche de sucre. La comparaison avec le stade n° 8 montre qu'en intensifiant les ombres et en éclaircissant les blancs, l'image a gagné en profondeur et en contraste.

Dessiner avec des trait

Le dessin au graphite permet de se passer totalement de l'estompe. Les capacités expressives du trait sont telles qu'on peut réaliser une œuvre de qualité sans avoir recours à des taches compactes.

Nous avons choisi de prendre pour modèle cette maison isolée qui nous permettra de travailler la perspective avec deux points de fuite.

Le dessin d'une maison

Cet exercice de dessin inclut un travail de perspective. Il faut donc d'abord tracer la ligne d'horizon (hauteur des yeux) et déterminer l'emplacement des points de fuite qui, dans ce cas, se situent hors de la feuille. Une fois ce problème résolu, nous réaliserons le dessin uniquement à l'aide de traits comme si nous travaillions avec une plume.

1

1. Pour commencer, nous avons situé la hauteur des yeux et cherché les points de fuite. Nous avons découvert qu'ils se trouvent en dehors des limites de la feuille, mais ceci ne pose aucun problème. Nous avons prolongé la ligne d'horizon (LH) sur la planche à dessin. Les lignes que nous traçons depuis les points de fuite nous donnent la perspective correcte pour dessiner le volume de la maison.

2

2. Ayant dessiné les murs et le toit en perspective, nous effaçons les lignes de fuite qui nous gênent. Ensuite, nous passons à l'encadrage des formes, tant de la maison que de ses abords, sans oublier de repasser à la main sur les lignes tirées à la règle pour leur ôter leur rigidité.

3

4

3. On commence à assombrir les zones d'ombre sous le toit avec des traits horizontaux et parallèles qui évoquent les matériaux de cette partie de la maison.

4. Pour rendre la texture des murs, nous travaillons les pierres une à une, patiemment, sans retailler la mine pour garder un trait épais et lourd tout à fait approprié.

5

5. La maison achevée, nous passons à l'herbe du pré dont nous précisons la texture et nous donnons du volume aux pierres en leur dessinant une ombre.

6. Le résultat final montre comment des matières très différentes ont pu être rendues simplement en changeant la direction du trait. Remarquez que les tuiles ne sont qu'une suite de traits en demi-cercle, que les pierres sont des petits traits faits avec soin, et que l'herbe est suggérée par des traits amples en certains endroits et courts en d'autres.

6

Dessiner en estompant

Bien qu'il soit possible d'estomper le graphite, le fusain, par sa consistance légère, sèche et poudreuse, se prête mieux à un travail où le trait et les hachures cèdent la place aux taches qui se fondent les unes dans les autres.

1. Pour ne pas commettre d'erreurs dans les proportions nous avons pris la hauteur de la tête comme mesure étalon de la figure tout entière. Nous constatons que dans cette posture, le modèle mesure cinq têtes et demie. Sur la feuille, nous traçons une ligne que nous divisons en cinq parties et demie. Elle nous servira de référence.

1

2

2. En nous guidant sur la verticale, nous esquissons la silhouette.

Un nu

En dessinant des nus, l'artiste se trouve obligé d'étudier l'anatomie en même temps que l'éclat et la douceur de la peau. En ce qui concerne l'anatomie, il faut examiner avec attention les proportions et les respecter, sans oublier que sous les volumes de chair se trouve une structure osseuse. Pour la peau, on rendra son velouté au moyen de taches délicates qui se fondent les unes dans les autres.

Nous allons dessiner ce modèle en appui sur une jambe, produisant ainsi une légère incurvation du tronc.

3

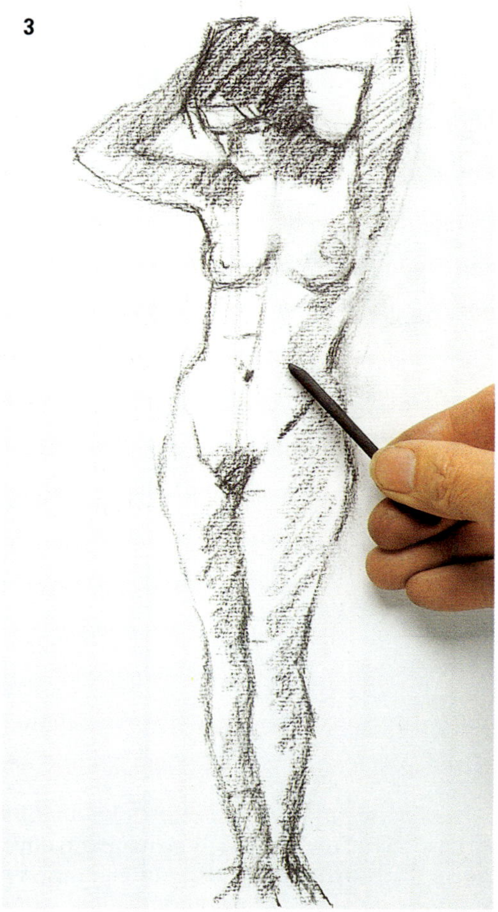

5

5. Après le travail d'estompage, nous avons rectifié les ombres en les intensifiant là où c'était nécessaire. Maintenant, nous dégageons des taches de lumières avec la gomme tendre.

3. Après avoir vérifié par une observation attentive que les proportions sont bien respectées, nous précisons le contour définitif et nous commençons à ombrer.

4. Avec le doigt, nous étalons doucement le fusain pour un dégradé subtil de tons entre la lumière et l'ombre.

4

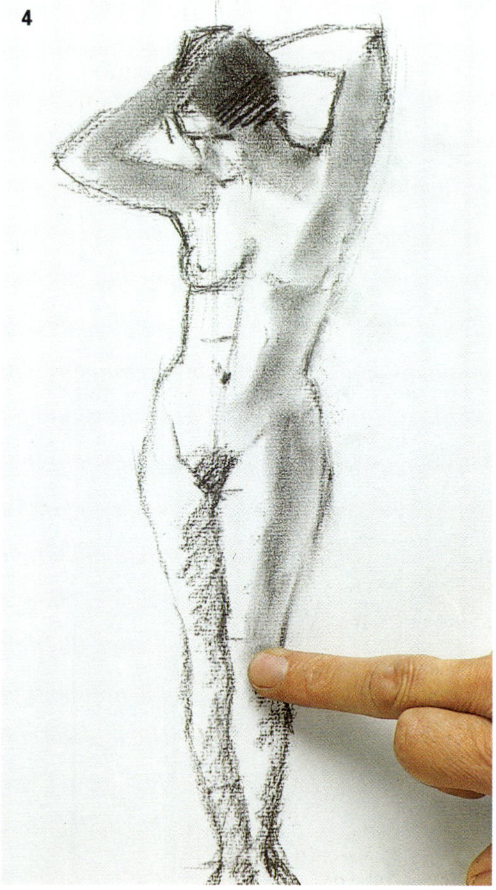

6

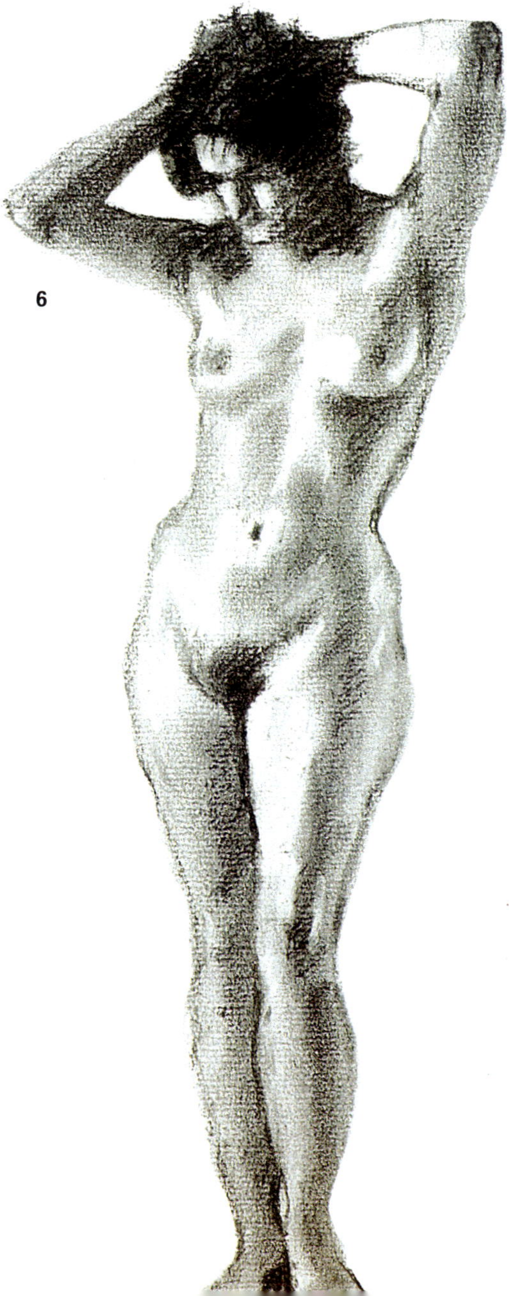

6. Sur le résultat final, apparaissent les subtils estompages qui rendent le modelé du corps, les retouches dans les zones d'ombre et le travail à la gomme des surfaces en pleine lumière.

Dessiner avec la gomme

La gomme peut servir à construire une image. Au contraire du crayon graphite et du fusain qui dessinent en ajoutant du noir, la gomme dessine en retranchant.

Nous avons choisi un sujet qui présente d'importantes zones de couleur blanche et des contrastes accusés de clair et d'obscur. C'est ce type de sujet qui se prête le mieux au travail à la gomme.

Dessiner avec la gomme

Si dessiner au crayon graphite ou au fusain consiste à noircir du papier, la gomme permet d'élaborer une image par le processus inverse, c'est-à-dire en récupérant le blanc du papier.

Pour faire un dessin de ce type, il faut d'abord noircir la feuille et gommer certaines zones pour récupérer le blanc du papier correspondant aux éclats de lumière.

N'OUBLIEZ PAS...

- Pour dessiner avec la gomme, il faut d'abord noircir le papier.
- Il est recommandé d'ombrer la feuille par des estompages légers pour récupérer ensuite plus facilement le blanc du papier.

1

1. On commence par réaliser un dessin normal : encadrage des formes et délimitation des contours.

2

2. Nous suggérons ensuite les parties obscures par des taches réalisées au moyen de traits vigoureux.

3

4\. Nous commençons à dessiner avec la gomme en dégageant des blancs dans les parties lumineuses des pétales.

4

3\. Le moment est venu de salir la feuille avec l'idée de la nettoyer ensuite. Nous avons légèrement ombré les pétales et étalé le graphite sur toute la zone à l'aide d'un morceau de coton hydrophile.

6

5

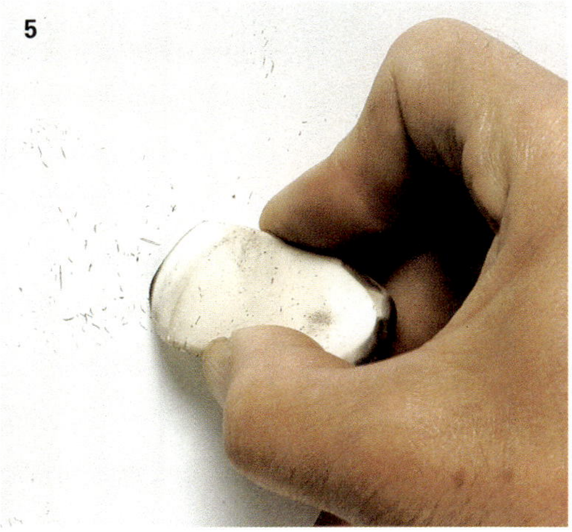

5\. Pour garder la gomme propre, nous la frottons de temps en temps sur un papier séparé.

6\. Nous continuons à travailler ainsi la zone des pétales. Les artistes de la gomme réalisent par ce moyen les blancs les plus infimes.

7

7\. Sur le dessin final, on peut constater que nous avons assombri davantage le fond au moyen de taches irrégulières qui suggèrent les feuilles du bouquet de marguerites. On voit également qu'après le travail à la gomme, nous avons retouché les boutons au centre des fleurs.